# 非金融公司风险管理动机与效应研究

FEIJINRONG GONGSI
FENGXIAN GUANLI DONGJI YU
XIAOYING YANJIU

戴致光 ◎ 著

首都经济贸易大学出版社

*Capital University of Economics and Business Press*

·北 京·

**图书在版编目（CIP）数据**

非金融公司风险管理动机与效应研究/戴致光著 . —北京：首都经济贸易大学出版社,2017.9

ISBN 978 - 7 - 5638 - 2610 - 0

Ⅰ.①非…　Ⅱ.①戴…　Ⅲ.①上市公司—金融管理—研究—中国　Ⅳ.①F279.246

中国版本图书馆 CIP 数据核字（2017）第 023328 号

**非金融公司风险管理动机与效应研究**

戴致光　著

| | | |
|---|---|---|
| **出版发行** | 首都经济贸易大学出版社 | |
| **地　　址** | 北京市朝阳区红庙( 邮编 100026 ) | |
| **电　　话** | (010)65976483　65065761　65071505(传真) | |
| **网　　址** | http://www.sjmcb.com | |
| **E - mail** | publish@cueb.edu.cn | |
| **经　　销** | 全国新华书店 | |
| **印　　刷** | 人民日报印刷厂 | |
| **开　　本** | 710 毫米×1000 毫米　1/16 | |
| **字　　数** | 162 千字 | |
| **印　　张** | 10.25 | |
| **版　　次** | 2017 年 9 月第 1 版　2017 年 9 月第 1 次印刷 | |
| **书　　号** | ISBN 978 - 7 - 5638 - 2610 - 0/F·1456 | |
| **定　　价** | 35.00 元 | |

本专著是辽宁省教育厅人文社会科学研究项目非金融公司风险管理动机与效应研究（w2013333）、大连海洋大学博士科研启动基金研究成果

# 序　言

在西方,尤其是美国,在 20 世纪 70 年代就开始了关于非金融公司套期保值动机与效应的研究,但至今也没有形成一致的定论。关于套期保值动机与效应,现有的研究主要是从提升公司(股东)价值角度出发的,非金融公司套期保值能否为公司(股东)创造价值呢?根据套期保值理论,在 MM 理想世界中风险管理不能提升股东价值,非金融公司的套期保值只有在真实的不完美的资本市场中才能为股东创造价值,比如套期保值可以减少财务困境成本,提高负债比例,发挥税盾优势,协调投融资,减少昂贵的外部融资,协调管理者行为,以及减少公司所得税。但在实证检验中却得出了比较混乱的结论,有的研究支持理论(或部分支持),有的研究得出了与理论不同甚至截然相反的结论。

在我国的套期保值实践中,接连发生了株洲冶炼事件、中航油事件、东方航空事件及中国远洋事件等,由于这些企业购买了以套期保值为目的的衍生品而发生巨额亏损,有的倒闭了,有的虽没有倒闭,但国家却付出了巨额资金进行拯救。从以上的事件中可以看出,这些企业的套期保值不但不能如理论所说提升公司价值,反倒使公司价值遭受了致命的损失。以上这些事件是普遍现象还是个案呢?如果是普遍现象的话,那么说明实践中的套期保值并不能提升公司价值。这与以上理论分析相悖,那么,是理论错了吗?

尽管从理论上来说,如果运用得当,套期保值可以提升公司价值,但以往的研究都忽视了套期保值决策的一个重要因素——管理者对套期保值的影响,尤其是当套期保值对公司有利而对管理者不利时,管理者会怎样行动,他还会与提升公司价值的套期保值决策相向而行吗?基于此,本书首先对非金融公司套期保值这一行为进行理论分析,建立以新制度经济学为基础的理论分析框架,在这个框架下,把人假设为最大化自身效用的充分理性的机会主义者。企业是由一系列契约关系所构成的联合体,企业的本质是各种生产要素所有者之间契约的集合,企业是所有这些契约的建立过程和执行过程的总和。现代企业制度最重要的特点是所有权与控制权的分离,各种生产要素所有者把自己的生产要素交由拥有企业家才能的管理者控制经营。在企业这个联合体内,各种生产要素的所有者都在最大化自身的效用,其中最重要的两种生产要素——资本与企业家才能的所有者股东和管理者是最重要的两个利益相关者。双方都在最大化自身的效用,同时他们具有不同的效用函数,这样他们的利益就会产生矛盾。

套期保值这个行为可以把现金流从较多的一种状态挪到较少的另一种状态,它并没有增加企业的现金流总量,只是减小了现金流的波动,把现金流从较多的状态挪到较少的状态,降低了现金流极端值出现的可能性,降低了财务困境出现的概率,降低了财务困境成本;可以提高企业的负债容量,充分发挥税盾优势;减少了现金流极端低值情况下筹集投资所需的昂贵的外部资金以及在税收函数为凸的情况下减少公司所得税,这些都降低了各种所谓的摩擦成本,提升了公司价值。但套期保值是需要成本的,如果成本超过了公司价值提升,那就是得不偿失的,反而会降低公司价值。这是从公司或股东利益角度进行的分析,接下来从管理者的角度进行分析。管理者在公司中拥有不可分散的控制权个人收益,如高额薪金、在职消费、转移公司资源获利等。管理者获得以上收益的前提是"在位",失去了现有职位,一切私人收益都将化为乌有;管理者失去现有职位后转换工作的成本是十分巨大的,因此,管理者必然全力维护现有的职位,避免被解雇或替换的发生。所以除非给管理者一个较高的报酬,他才会去承担风险。极端低劣的业绩对管理者的职位是一个很大的威胁,管理者为了保住自己的职位必然要极力避免这种极端低劣业绩的出现。套期保值就是避免极端低劣业绩出现的一个很好的工具,即使套期保值的使用成本大于其收益,管理者也在所不惜。在股权分散的"弱股东、强管理者"的情况下,股东几乎没有动力和能力掌控公司控制权,而管理者拥有董事会授予的直接的契约决策权,实际上成为公司的掌控者(默克、施莱弗和维什尼,1988),在这种情况下,管理者几乎不用为自己的机会主义行为承担任何成本。

接下来,本书对以上理论分析的正确性进行了实证检验。

首先,根据前人针对套期保值的主流研究所提出的理论假设,如果公司进行套期保值的动机是公司价值最大化,管理者就要根据不同的公司特征,有针对性地对是否进行套期保值以及套期保值的程度进行决策,那样的话,套期保值将与这些公司特征高度相关。在本书的实证检验中,如果套期保值与这些公司特征相关,并且方向也与假设相同,则证明管理者套期保值决策的动机是公司价值最大化;如果套期保值与这些公司特征不相关,或者虽相关但方向与假设不同,则说明管理者的套期保值动机有可能不是公司价值最大化。本书选取了有色金属行业上市公司作为样本进行实证检验,没有找到相关的证据,证明管理者进行套期保值的出发点是公司价值最大化。

其次,在以上研究结果的基础上,本书认为管理者进行套期保值的动机有可能并不是公司价值最大化。那么套期保值究竟是提升了公司价值,还是降低了公司价值呢?本书从公司价值最大化角度出发,实证检验了套期保值对公司价值的影响。根据实证检验的结果,本书指出套期保值对公司价值的影响是负面的,或至少是不显著的。由此证明了套期保值的动机并不是提升公司价值,并且实际上也没有提升公司价值。

再次,证明了套期保值的动机是管理者防御,防御的管理者要根据企业的现金流状况有选择地实施套期保值政策,从而达到管理者防御的目的。本书从管理者防御出发,实证检验了管理者防御对套期保值的影响。本研究根据高阶管理理论,以管理者的人口统计特征作为管理者防御的代理变量进行实证检验,随后用特定的方法把这些人口统计特征组合到一起计算出管理者防御指数并以其作为管理者防御程度的代理变量,再检验管理者防御指数与套期保值的相关程度。

最后,基于管理者防御,对套期保值效应进行了研究。管理者防御形成壁垒,意味着管理者不受公司治理和控制机制约束,或者利用公司资源制造出迎合公司治理和控制机制的状态,使自己受益而使公司受损,管理者追求自身利益最大化成为可能。管理壁垒效应直接表现为对管理者变更的影响,因此,在前面研究的基础上,本书对我国上市公司管理者利用套期保值进行防御,形成壁垒为自己谋利——影响管理者变更进行实证检验。

本书的创新点主要体现在以下几个方面:

第一,尝试利用新制度经济学的框架对套期保值行为进行理论分析。以前的研究,鲜见将套期保值行为置于一个统一的严谨框架下进行研究,对套期保值行为背后的理论机制的发掘不够深入。本书将套期保值行为放在新制度经济学的框架下进行研究和分析,尤其从风险承担的角度分析了套期保值对股东效用的影响;对基于个人效用最大化考虑并且是公司套期保值行为的决策者——管理者的影响进行了分析,为以后的研究打下了坚固的理论基础。

第二,与前人研究套期保值的公司价值最大化动机假设不同,本书把着眼点放在管理者防御上,构建了基于管理者防御动机的套期保值动机与效应的研究。首先从理论上分析了管理者进行套期保值的动机是管理者防御;其次,建立管理者防御指数来度量管理者防御程度,并且检验了管理者防御与套期保值的相关性;最后,利用管理者防御效果的度量指标——管理者变更对管理者利用套期保值进行管理者防御的效果进行实证检验,结论证实了本书假设的正确性。

第三,前人基于公司价值最大化的套期保值的研究存在一个悬而未决的问题,那就是未能很好地解决套期保值与其他公司特征的内生性问题,比如套期保值与杠杆的相互影响。套期保值降低了公司现金流的波动,降低了财务困境风险,扩大了企业的负债容量,企业可以举借更多的债务(债务利息可以享受税收抵扣的好处),更多的债务使杠杆更高,更高的杠杆又需要进行更多的套期保值来降低财务困境成本。这样,更高的杠杆需要更多的套期保值,而更多的套期保值又可以举借更多的债务,形成更高的杠杆,两者交互上升,互相影响,产生了比较严重的内生性问题。本研究采用工具变量法和两阶段最小二乘法对解决内生性问题做了初步尝试。

第四,首次尝试采用列联表对套期保值公司特征进行分析。本书中使用的变量既有定量计量的,也有定性计量的,对于最主要的变量——套期保值的度量,本书采用了定性计量,因此,不同于以往其他研究,本书首次在套期保值研究中采用了列联表分析。对于个别定量计量的变量,本书进行了如下处理:首先,计算各变量的均值;其次,用各样本变量值减去样本变量均值;最后,把得到的差值分为高、低两组,高组和低组分别赋值 1 和 0,即把定量变量转换为定性变量。

本书的研究仍是属于尝试性的,加之作者研究水平和能力所限,仍然存在诸多不足,尚待在以下几方面深入研究：

　　企业套期保值研究具有一定的复杂性,首先是理论框架的问题,本书的研究是建立在统一的理论框架之下的, 但不同的人在不同时期其行为的动机可能有所不同,对套期保值的决策也会不同,因此对套期保值行为的研究不但需要在一个框架下进行统一研究, 还需要开展对个案进行分析的案例研究。其次,本书对公司是否进行套期保值以是否使用衍生品为标准进行判断,其实公司的套期保值工具不仅仅是衍生品,还可以利用其他工具进行套期保值,比如进行多元化经营。最后,由于会计披露的限制,本书只获得了企业是否使用衍生品的数据,而无法获得衍生品的具体使用数量,从而无法计量各公司的套期保值程度指标,这可能会在一定程度上对本研究产生影响。

# 目　录

# 图 目 录

# 表 目 录

# 1 绪 论

## 1.1 研究背景

2007 年,爆发全球金融危机,据统计,截至 2008 年 10 月底,央企从事金融衍生品业务合约市值为 1 252.0 亿元,形成了 114.0 亿元的浮动净亏损(浮盈 49.8 亿元,浮亏 163.8 亿元)。在境内的合约市值为 357.4 亿元,形成了 1.3 亿元的浮动净亏损(浮盈 4.5 亿元,浮亏 5.8 亿元);在境外的合约市值为 894.6 亿元,形成了 112.7 亿元的浮动净亏损(浮盈 45.3 亿元,浮亏 158.0 亿元)。消息公开后,举国大哗,国务院国有资产监督管理委员会在 2008 年 11 月紧急叫停了央企衍生品交易,要求企业查明原因,采取应对措施。至此,以金融衍生品为工具的套期保值走进了公众的视野。

然而,这并不是我国企业衍生品交易遭遇的第一次滑铁卢。

2005 年,中盛粮油在芝加哥期货交易所(CBOT)进行大豆和豆油期货套期保值失手,造成巨额亏损。中盛粮油 9 月公布的半年报显示,上半年公司大豆油业务产生现货经营亏损约 6 092.1 万港元;加上额外拨备和期货交易亏损,亏损总额达到 1.868 3 亿港元。

2005 年,根据路透及其他境内外媒体报道,中国国家储备局在伦敦金属交易所(LME)的铜期货上做空被套,国际基金不断推高铜价逼空国储,造成国家物资储备调节中心 6.06 亿美元的巨额经济损失。

2004 年,根据路透及其他境内外媒体报道,中国航油(新加坡)股份有限公司从事投机性原油期货和航空煤油期权等衍生品交易,造成 5.5 亿美元的巨亏。

1997 年,根据路透及其他境内外媒体报道,株洲冶炼厂在伦敦金属交易所(LME)从事锌保值期间,做空伦敦锌,最后造成近 15 亿元人民币的亏损。

既然中国企业一而再、再而三地陷落在以衍生品交易合约为工具的套期保值上,一次比一次数额巨大,为什么中国企业还是进行以衍生品交易合约为工具的套期保值,且一次比一次涉及更多的企业?

根据国际清算银行(BIS)的统计,20 世纪 90 年代以来,世界衍生品交易发展迅猛,截至 2012 年 6 月底,全球场外交易(OTC)衍生品市场的未结清合约总的名义金额为 639 万亿美元,而 1998 年这一数据是 8 万亿美元。2006—2012 年各年全球衍生品合约总额及各品种合约金额如图 1-1 所示。

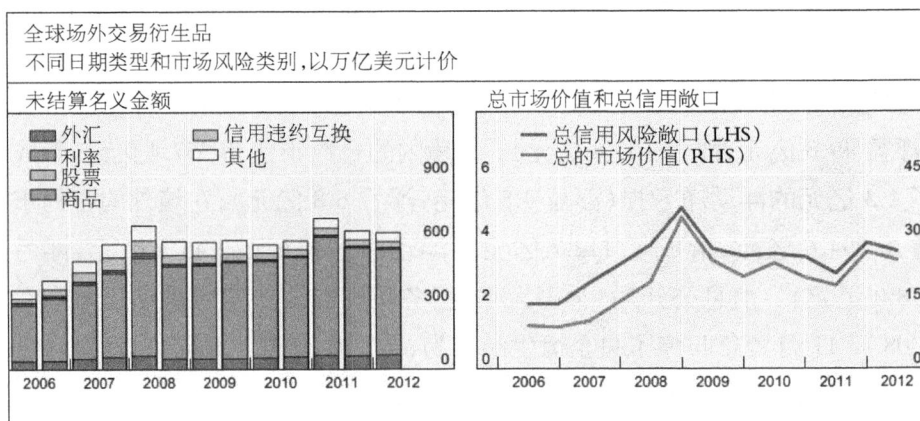

**图 1-1 全球衍生品交易额统计**

资料来源:国家数据;国际清算银行计算。

巴特拉姆(Bartram,2003)对世界范围内的 48 个国家的 7 297 家非金融公司衍生品使用情况进行了调查研究, 发现在这 7 297 家非金融公司当中,有 59.8%的公司使用衍生品,其中,使用外汇衍生品的公司占比 43.6%,使用利率衍生品的公司占比 32.5%,使用商品价格衍生品的公司占比 10%。这些公司在面对不同的财务风险时使用的衍生品也不同:面临外汇风险时,35.3%的公司使用远期,11%的公司使用互换;面对利率风险时,28.8%的公司使用互换,0.6%的公司使用远期。使用非线性衍生品的公司相对来说较少,9.6%的公司使用外汇期权,7.3%的公司使用利率期权。从巴特拉姆的统计中我们可以看出,以金融衍生品为工具的套期保值在世界范围来看是一个普遍的现象。

巴特拉姆的统计也包括 36 家中国公司,其中,使用金融衍生品进行套期保值的公司占比为 16.7%。在本书所使用的 2005—2011 年中国有色金属上市公司样本中,这一比重达到了 57.37%。

套期保值作为公司的一项财务政策,在理论上可以减少不完全市场的摩擦所产生的各种摩擦成本,提升公司价值,但这要有一个前提,那就是形成套期保值头寸的衍生品交易合约的成本要小于由于套期保值所降低的各种摩擦的成本,只有这样,才会提升公司价值,套期保值才是值得的。但通过具体的案例分析[1]可以看到,我国企业形成套期保值头寸的衍生品交易合约的成本是畸高的,其中蕴含着巨大的风险,给企业价值造成了极大的损失,个别企业要不是国家注资挽救,很可能因此倒闭。这是为什么呢? 这样的事例接二连三地发生,一次比一次数额巨大,一次比一次涉及更多企业,这些企业又为什么不吸取教训呢? 上面所举案例是个别现象,还是在企业中普遍存在? 这一系列的疑问等待我们去解开。

在西方,尤其是美国,20 世纪 70 年代就开始了关于非金融公司套期保值的研究,但至今没有形成一致的定论。非金融公司套期保值能否为公司(股东)创造价值? 根据套期保值理论,在 MM 理想世界中风险管理不能提升股东价值,非金融公司的套期保值只有在真实的不完美的资本市场中才能为股东创造价值,比如套期保值可以降低财务困境成本、提高负债比例、发挥税盾优势、协调投融资、减少昂贵的外部融资、协调管理者行为以及减少公司所得税。但在实证检验中却得出了比较混乱的结论,有的研究支持理论(或部分支持),有的研究得出了与理论不同甚至是截然相反的结论。除以上公司价值最大化动机外,还有的从管理者私利、行业竞争及公司所处的背景环境对套期保值进行研究,并得出了一些结论。

现有的研究主要存在以下几个问题:①研究框架的问题,以往的研究没有建立一个统一的理论框架来研究企业的套期保值行为;②研究角度的问题,研究者大都从公司价值的角度进行研究,鲜有从所有权和控制权分离后的管理者防御的角度进行研究;③研究样本的问题,不同国家(或地区)、不同行业、不同时期的样本公司所面对的内部参数和外部参数是不同的,有可能得出不同的结论;④研究方法的问题,未能解决套期保值的识别及变量的内生性问题。

---

[1] 张晓东.起诉高盛——中国企业当直面金融欺诈[M].北京:中国经济出版社,2011:7-16.

现阶段,我国正在大力发展资本市场,将"逐步推出一批对国民经济有重大影响的大宗商品期货品种,以满足相关企业日益增长的风险管理需要,并完善能源、金属、农畜产品等期货品种系列;逐步发展商品期权交易;稳步发展各类金融衍生品"①。由于近年来企业经营所面临的不稳定因素越来越多,再加上经济全球化进程加速,国外经济的变动对我国企业的影响越来越大,导致我国企业的套期保值需求剧增;而基于衍生品的非金融公司套期保值的研究基本是空白,企业的套期保值实践缺少相应的理论指导。

基于以上认识,本书尝试进行两方面核心内容的研究。核心内容一:本部分试图探索基于公司价值最大化理论的套期保值动机在中国特有的制度背景下是否成立,检验我国上市公司套期保值的公司价值最大化动因,并尝试解决检验套期保值动因的内生性问题,如果公司价值最大化动机没有通过检验,则证明公司进行套期保值可能出于其他动机,我们将探索这个动机是什么。核心内容二:检验我国上市公司套期保值的效应,具体包括对上市公司价值的影响和对管理者的影响,尤其是检验我国上市公司的套期保值能否提升公司价值,在这一部分,期望对检验套期保值效应的方法有所突破。

此外,本书还对套期保值的决策者和执行者——管理者进行了研究。中国的现实情况是国有企业众多,所有者缺位,对管理者的激励不足,约束松懈,代理问题非常严重。本书认为由于股东的缺位,国有企业的套期保值基本上是管理者说了算,管理者必然向着对自己最有利的方向进行决策,这样套期保值就可能沦为管理者防御的工具。如果以上理论在我国成立,在风险管理的过程中,如何设计激励、约束机制,使管理者与股东的目标函数趋同,即在套期保值过程中努力使公司价值最大化,也是本研究试图重点讨论的议题。

## 1.2 研究目标

本书的研究目标主要分为六个层次:

第一,通过理论分析明确管理者进行套期保值的内涵与本质。本书的研究对象是企业的套期保值行为,研究视角是动机和效应,总的目标是基于新制度经济学的理论分析框架,对防御的企业管理者套期保值的动机与效应进行分

① 中国证券监督管理委员会. 中国资本市场发展报告[M]. 北京:中国金融出版社,2008.

析。只有明晰了管理者进行风险管理活动的本质,才能为分析套期保值的动机与效应提供强有力的理论支持。因此,从理论上明确管理者套期保值的内涵与本质是本书研究的首要目标与前提条件。

第二,构建基于公司价值最大化的套期保值决定因素的框架并进行实证检验。以往对套期保值的研究,出发点一般都是基于公司价值最大化或股东财富最大化,理论上的分析也是以套期保值可以减少各种代理成本和公司税(即我国的公司所得税)为出发点的,认为当减少的各种摩擦成本小于套期保值的成本时,管理者就会利用套期保值来提升公司价值;当预期到套期保值不会对公司价值有提升作用时,管理者就不会进行套期保值。基于这种理论,套期保值可以根据不同的公司特征灵活运用来提升公司价值。例如,在进行套期保值后,增加了公司现金流的稳定性,可以减少高杠杆公司的财务困境成本;或可以在不增加财务困境成本的基础上提高负债的比例,借此获得利息抵税和加大财务杠杆所带来的公司价值提升,因此,财务杠杆越高的公司越应该利用套期保值来增加公司价值。不同特征的公司运用套期保值所产生的结果是截然不同的,所以要根据公司的特征灵活运用套期保值来增加公司价值,公司的一些特征也就成为基于价值最大化的公司进行套期保值的决定因素。如果管理者的出发点是公司价值最大化,必然会如理论所言根据不同的公司特征来进行套期保值,这些公司特征必然与套期保值存在高度的相关性。如果这些公司特征与套期保值相关程度不高,那就证明理论可能存在缺陷。本研究基于公司价值最大化的视角从理论上确定套期保值的影响因素,然后以我国有色金属行业上市公司为样本来检验理论的适用性。在这一研究阶段的目标是以公司价值最大化视角的套期保值决定因素不会有显著的结果。

第三,基于套期保值的公司价值最大化的动机,构建套期保值对公司价值影响的研究框架并对套期保值的公司价值效应进行实证检验。根据第二点研究目标的实证检验,如果管理者是出于公司价值最大化的动机进行套期保值,那么就会如理论所分析的那样,根据不同的公司特征来选择是否套期保值,以及套期保值的程度,套期保值就会与这些公司特征高度相关。但检验的结果却是公司特征与套期保值并不相关,或相关程度并不高,这就说明,管理者进行套期保值的动机也许并不是公司价值最大化。那么,套期保值对公司价值究竟会产生怎样的影响,也就是说套期保值的公司价值效应究竟如何,是本书这一阶段研究的目标。根据前面的研究和分析,本书期望套期保值对公司价值的影响是负相关的,或至少套期保值对公司价值的影响是不显著的。

第四,构建基于管理者防御动机的套期保值影响因素的研究框架并进行实证检验。根据以往的理论研究,可以看出,套期保值可以减少各种代理成本,也就是可以减缓代理冲突,但是也应当看到,管理者在制定和执行以公司价值最大化为出发点的套期保值的过程中,如果看到套期保值政策是以损害管理者的利益为代价来减缓代理冲突的,还会那么尽心尽力地制定和执行吗?那么这样的减缓代理冲突的政策本身就是一个代理问题。如果管理者实际上成为公司的掌控者,就会实施积极的管理者防御,而套期保值也就成为管理者防御的工具,因此本书理论分析管理者防御对套期保值的影响,再利用我国有色金属行业上市公司作为样本来检验理论假设。

第五,构建基于管理者防御动机的套期保值效应的研究框架并进行实证检验。简单来说,管理者防御就是管理者最大化自己的效用,管理者要实现自身效用的最大化,其先决条件是在位,也就是保有董事长或总经理的头衔,并拥有实权。现阶段,对公司业绩的考核一般是以利润为基础和核心的[1],如果业绩不佳,管理者极有可能被替换,失去现有职位。如果管理者不会因损人利己的行为而受到惩罚,那么管理者就会有"利用欺骗的手段进行自利"的行为(威廉姆森,1975)。套期保值可以把利润从赢利较多的状态转移到亏损状态,使原来赢利与亏损并存的状态转变为全是赢利的状态,但这种转变是以降低公司价值为代价的。因为对于广大股东来说,本书可以假设其是风险中性的,如果这种转换降低了期望利润,就会降低公司价值,如果套期保值的获利小于套期保值的成本,就会降低公司的期望利润,这显然对股东不利;但可以降低出现亏损状态的可能性,对管理者是有利的,如果管理者不因此受到惩罚,他必然会实施这样的套期保值,以保住自己的职位。管理者实施套期保值以进行管理者防御其效应如何呢?本书将通过套期保值与管理者变更的相关性进行检验。

---

[1] 国务院国有资产监督管理委员会. 中央企业负责人经营业绩考核暂行办法[EB/OL].
[2010-01-21]. http://www.gov.cn/flfg/2010-01/22/content_1517096.htm.

第六,总结研究结论,提出政策建议。根据对套期保值动机的理论分析和实证检验,总结归纳本研究的结论,并根据结论,围绕管理者防御对套期保值的影响,为优化企业套期保值提供切实可行的政策建议和措施。

## 1.3 概念界定

### 1.3.1 套期保值

所谓的套期保值,简单来说,就是利用金融衍生品或其他工具来减少公司利润、现金流或公司价值的波动。

公司可以通过交易特定的期货、远期或期权对冲基础商品市场的不确定现金流头寸。此外,公司也可以通过变更真实的业务决策来进行对冲,例如,并购可以和金融合约产生相同的对冲效果。本书依据公司的市场价值采用一个更一般的套期保值定义。当公司没有套期保值时,公司价值是$V(S)$,$S$是状态变量的向量。考虑两个公司A和B,它们的公司价值不同只是因为套期保值政策不同。在$i$状态下,如果A公司价值的协方差绝对值小于或等于B公司价值的协方差绝对值,就说A公司套期保值更多。套期保值减少了公司价值对状态变量的依赖。换句话说,如果与相同产品政策、相同资本结构的非套期保值公司相比,A公司价值协方差的绝对值小于或等于B公司价值协方差的绝对值,就说A公司比B公司套期保值更多(史密斯和史图斯,1985)。后来,史图斯(1996)又对这个定义进行了完善,他认为,企业不但可以利用套期保值减少风险,当公司拥有信息优势时,也可以通过承担风险获取收益,称之为反向套期保值。

### 1.3.2 管理者防御

狭义的管理者防御是指反接管、反并购的行为和措施。管理者除可以采用"金降落伞""毒丸计划""绿色邮件""停滞协议"和反托拉斯诉讼等反接管的措施外,也可以加大负债比例,进行一些非效率投资来加大外部人争夺控制权的成本,从而阻止并购(史图斯,1988)。

事实上,从产生动机来看,管理者防御不只是针对外部并购威胁的措施,同样是对来自企业组织内部控制机制的应对策略。内部控制机制是股东为了使管理者的决策与其目标达成一致而采取的措施和手段,采取的方法是激励与约束,其中最大的约束是解雇或撤换。对于管理者来说,解雇或撤换是一种很高的人力资本风险,将导致管理者的福利损失,并且受他们个人财富的约束,这种福利损失对管理者来说代价非常大。所以一旦有机会,管理者就有动机采取对自身有利的行为来降低不可分散的雇佣风险,以巩固现有职位,从而产生针对内部控制机制的抵御行为。

结合公司治理实践,本书认为,对管理者防御内涵的理解其实还可以扩展到更广泛的组织理论框架下。管理者防御不仅仅指管理者受到外部接管威胁或承受内部解雇压力时所做出的一种反应,还意味着管理者为了获得较大的自由度,为实现自身效用最大化,在公司中寻求积累自身权力从而增加职位安全性的行为。管理激励理论表明,管理者有动机去追求声誉、权力与专业,而其中又以职位固守为其一切行动的根本。经理的管理者防御就是要确保本身的权力、声誉与报酬,管理者进行管理者防御更具有防范的主动性和常态性特征。因此,从一个比较宽泛的角度来看,管理者防御是指管理者在公司内、外部控制机制下,选择有利于维护自身职位并追求自身效用最大化的行为或策略。管理者防御内涵的扩展有利于深入理解各种管理者防御的行为表现及其所产生的代理问题(袁春生,2010)。

### 1.3.3 管理者

国外相关研究的管理者,一般特指总经理。我国国有企业众多,在这些国有企业中,董事长一般不拥有公司的股份,是国家委派到企业中的经营者,其性质与总经理是一样的,所以本书的管理者不仅指总经理,也包括董事长。

### 1.3.4 效用最大化

个体被假定能够观察到他们的自身利益,并在现有的约束条件下追逐他们的自身利益,实现效用最大化,而这些约束条件就是现存的制度结构。

### 1.3.5 个人理性

为了更为接近真实世界的情况,当代经济学家更多关注的是不完美个人理性(imperfect individual rationality)。根据这一认识,决策制定者的偏好被认为是不完全的,并且会随着时间发生变化。考虑到未来的发展,获取无止境的知识要么存在太多的费用,要么是根本不可能的。尤其是,当存在交易费用时,可以容易地进一步认识到,个体在掌握信息以及制订计划时存在有限的能力。西蒙(1957)利用有限理性(bounded rationality)这一术语指出这样一个事实:决策制定者并非无所不知,而是在信息的加工方面存在着实际上的困难。因此,尽管人们可以被看作是意欲理性的(intendedly rationl),但是他们并非是"超级理性"的(hyperrational)。

### 1.3.6 机会主义行为

本质上,决策者被认为重要的是品质(qualities),而不是理性(rationality)。例如,布伦纳和梅克林(1977)将经济学上发展起来的关于人的模型描述为"足智多谋的、有判断力的、实现最大化的"(resourceful,evaluating,maximizing man,简称REMM)。这个特点意味着,人不仅是一个有头脑的人,而且还是一个冷冰冰的计算机器。不仅如此,并非所有的人都是有魅力的或者值得信赖的。正如威廉姆森(1975)所说,一些人可能会不诚实,也就是说,他们会隐瞒偏好、扭曲事实或者故意混淆视听。这种行为的存在是重要的,因为,尽管有限理性阻止人们写下完全合约,但是如果经济行为人是完全值得信赖的,那么就可以依赖不完全合约。但是现实中,因为存在威廉姆森所说的"利用欺骗的手段进行自利"的行为,以及因为事前将机会主义者与非机会主义者进行区分一般会涉及高昂的费用,所以复杂的合约必然难以实现。

## 1.4 研究内容与结构安排

本研究首先界定了基于管理者防御动机的套期保值行为的本质,在此基础上对套期保值的影响因素进行了理论分析;其次,实证检验了套期保值的决定因素并不是传统理论所说的基于公司价值最大化的各种因素,而是管理者的防御行为所产生的因素;最后,根据研究结论,提出切实可行的政策建议和措施。本书共分为八章,各章内容具体如下:

第 1 章为绪论。本章主要介绍研究背景、研究目标、基本概念界定和研究内容与结构安排,为以后的研究做一个背景介绍和铺垫。

第 2 章为文献综述。本章主要对套期保值相关的文献进行了梳理、综述和总结。本章分为三部分,分别是套期保值动机、套期保值效应和套期保值文献评述。套期保值动机部分分为早期研究的套期保值动机和近期研究的套期保值动机，套期保值效应部分主要阐述套期保值对公司价值最大化的影响和对管理者效用的影响，套期保值文献评述主要是对以往研究的不足进行总结。

第 3 章为理论基础。本章以新制度经济学为框架对企业进行套期保值的经济机理进行深入的分析。首先利用委托—代理理论，假设股东对管理者的激励是以企业利润为自变量的线性函数，当不存在不确定性时，股东在最大化自身效用的同时，可以找到对管理者也是最优的激励函数。当经营结果不确定时，由于管理者相对于股东而言，无法分散自身所面对的风险，因此，与股东相比，管理者是厌恶风险的。经过一系列的推导，我们发现，与经营结果确定时相比，在经营结果不确定时，股东所得到的效用是次优的，管理者得到的报酬也是次优的，除非提高管理者的持股比例，使管理者可以拥有企业较高比例的经营成果。如果不是这样，为了激励管理者参与经济活动，并且承担一定的风险，股东要付出很高的固定成本。其次，针对我国的现状，管理者持股比例不高，对管理者起不到应有的激励效果。本书利用隐性合约理论，对管理者承担风险的经济机理进行了分析。本研究认为，不应该让不持股或持股比例较低的管理者对因外界冲击而使经营成果具有的不确定性负责，除非给管理者一个很高的固定性报酬。反观我国企业，尤其是国有企业，管理者的报酬相对来说都具有刚性的特点，并且与企业的规模和利润相比，其占比都较低，在这种情况下，如果让管理者对不确定性负责，那么他必然要千方百计降低这种不确定性，只要其机会主义行为不被发现，即使这种行为对企业价值造成重大伤害也在所不惜。所以本研究认为，股东与管理者相比，无论是国有股东，还是私人股东，在面对风险时，表现得更为中性，不应该让管理者来承担风险，这样，股东就可以给管理者一个较低的报酬，获得承担风险的超额回报。

第 4 章为套期保值动机初步分析。本章我们根据前人针对套期保值的主流研究提出理论假设，如果公司进行套期保值的动机是公司价值最大化，管理者就要根据不同的公司特征，有针对性地对是否进行套期保值以及套期保值的程度进行决策，那样的话，套期保值将与这些公司特征高度相关。如果在随后的实证检验中，套期保值与这些公司特征相关，并且方向也与假设相同，就证明管理者的套期保值决策的动机是公司价值最大化；如果套期保值与这些公司特征不相关,或者相关但方向与假设不同,就说明管理者的套期保值动机有可能不是公司价值最大化。所以, 本章的内容是从公司价值最大化角度出发,根据已有的理论提出假设,并对这些假设进行实证检验。本书预期不能在实证中找到相关的证据。

第 5 章为基于公司价值最大化的套期保值效应分析。在第 4 章研究结果的基础上, 本研究认为管理者进行套期保值的动机有可能并不是公司价值最大化。那么套期保值究竟是提升了公司价值,还是降低了公司价值呢? 本章从公司价值最大化角度出发,实证检验了套期保值对公司价值的影响。本书期望套期保值对公司价值的影响是负面的,或至少是不显著的,由此来证明套期保值的动机并不是提升公司价值,实际上也没有提升公司价值。

第 6 章为套期保值与管理者防御。本章首先在基础理论之上对套期保值行为进行理论分析,证明了套期保值的动机是管理者防御,防御的管理者要根据企业的现金流状况有选择地实施套期保值政策, 从而达到管理者防御的目的。其次,本章从管理者防御出发,实证检验管理者防御对套期保值的影响,根据高阶管理理论,以管理者的人口统计特征作为管理者防御的代理变量,进行实证检验,随后,用特定的方法把这些人口统计特征组合到一起,计算出管理者防御指数,以其作为管理者防御程度的代理变量,再检验管理者防御指数与套期保值的相关程度。

第 7 章为基于管理者防御的套期保值效应的研究套期保值与管理者变更。管理者防御形成壁垒,意味着管理者不受公司治理和控制机制约束,或者利用公司资源制造出迎合公司治理和控制机制的状态, 使自己受益而使公司受损,从而使管理者追求自身利益最大化具有可能性。管理壁垒效应直接表现为对管理者变更的影响,因此,本章在前面研究的基础上,对我国上市公司管理者进行管理者防御形成壁垒,然后利用套期保值为自己谋利,从而取得影响管理者变更的效应并进行实证检验。

第 8 章为结论与政策建议。本章在前面章节研究的基础上, 得出整体的研究结论,并根据研究结论,结合我国的具体制度背景,提出切实可行的企业套期保值的政策建议。

本书研究框架如图 1-2 所示。

文
献
综
述

问题的提出

文献综述

套期保值动机

套期保值效应

理
论
基
础

理论基础

委托—代理模型

隐性合约理论

结果确定
的情况

结果不确
定的情况

实
证
研
究

实证研究

套期保值动机初步分析

基于公司价值最大化的
套期保值效应分析

套期保值与
管理者防御

基于管理者防御
的套期保值
效应研究

主要结论与政策建议

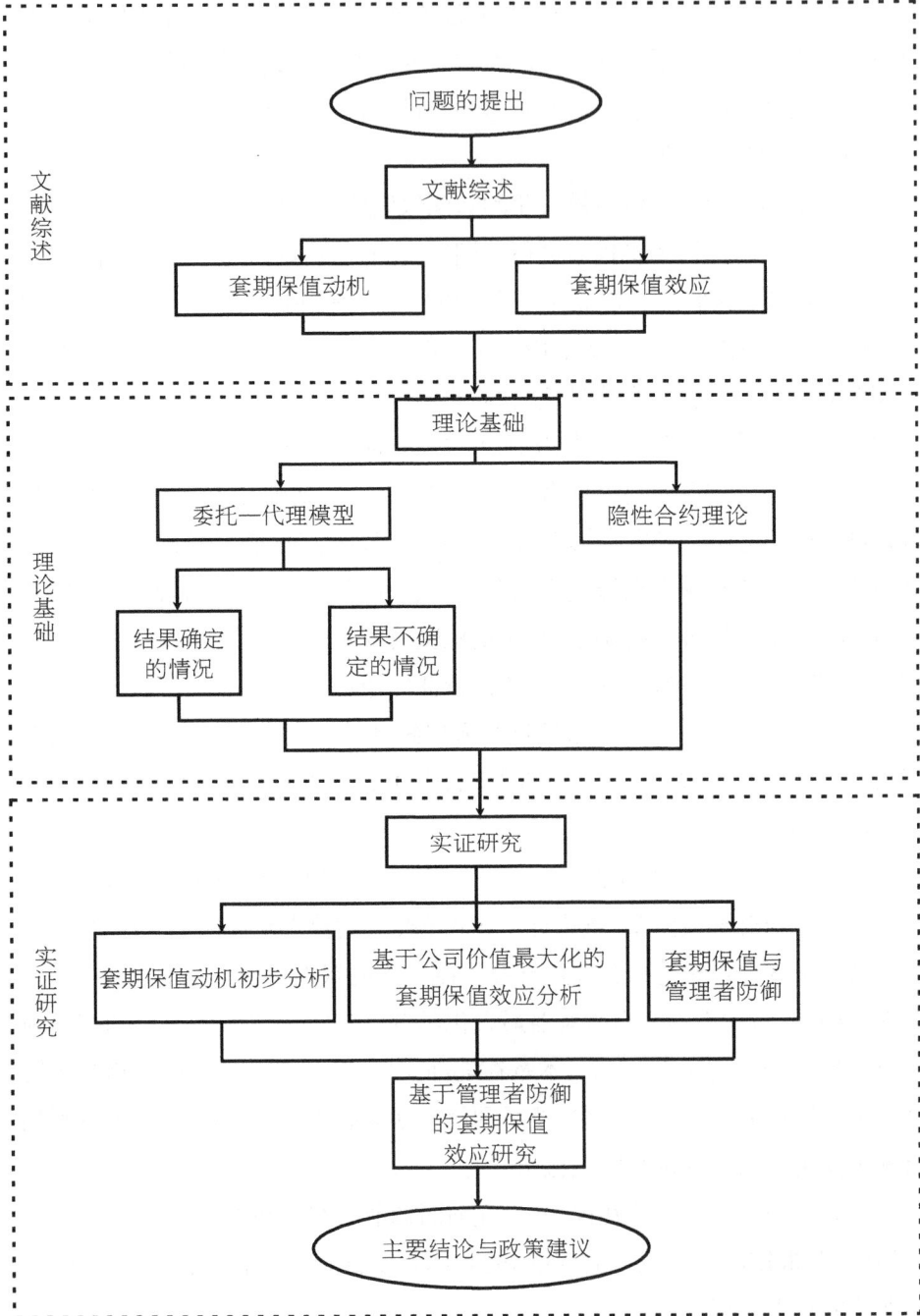

**图 1-2　股东价值、管理者防御与套期保值研究框架**

# 2 文献综述

本章对套期保值的相关文献进行梳理、综述和总结。本章由套期保值动机、套期保值效应、管理者防御和文献评述等几个部分组成。

## 2.1 套期保值动机

### 2.1.1 早期的套期保值动机

早期的套期保值研究,主要是从生产者风险厌恶角度考虑的。由于收益的边际效用递减,在对收入具有相同预期时,具有风险厌恶特征的生产者总是偏好风险小的收入,通过套期保值可以减少公司收入的波动,提高所有者的效用。

随着资本资产定价模型的提出和人们对风险管理认识的深入,人们意识到这样的理论对股权集中的公司来说是适用的,对于股权分散的公司来说,投资者可以通过持有含多种资产的投资组合来分散掉多余的风险,使本身承担的风险达到一个合意的程度。根据投资组合理论,公司的风险分为系统风险和非系统风险,随着投资组合内资产数量的增加,非系统风险可以被有效地分散掉,而系统风险是不能被分散掉的。对于集中持有股权的公司,风险厌恶理论可以成为套期保值的动机,但对于广泛持有股权的公司来说,风险厌恶理论就不能解释套期保值的动机,因为广泛持有股权的公司的投资者可以通过投资组合的多样化分散掉非系统风险,当市场完美时,系统风险不论是投资者自己承担还是在市场上出售,所付出的代价是相同的。

同时,MM 定理也表明,在完美的市场条件下,公司的价值与财务政策是无关的,因为公司的价值由投资政策决定,套期保值是财务政策,所以,公司价值与套期保值无关。如果公司改变套期保值政策,投资者可以相应地改变所持有的风险资产,以补偿公司套期保值政策的改变,使未来的财富分布不受影响。所以各利益相关人没有动机去套期保值。然而,现实中的市场是不完美的,比如,现实中有税收、缔约成本、信息不对称、代理问题等,这样,MM 定理在现实中就不成立了。大多数学者也是从各种违反 MM 定理假定情况出发,去论证套期保值的动机。

### 2.1.2 公司价值最大化动机

当市场不完美时,套期保值可以通过降低各种摩擦成本提升公司价值(史密斯和史图斯,1985)。

#### 2.1.2.1 投资不足与资产置换

公司完全只是法律假设的一种形式,可作为各相关方契约关系的一个联结,并且也是以存在着组织的资产和现金流可分割的剩余要求权为其特征,这种要求权一般不需要其他缔约相关方的允许就可被出售(詹森和迈克林,1976)。

公司的股权相当于以负债价值作为执行价格的公司资产的看涨期权(梅森和默顿,1985;默顿,1974)。期权的价值随标的资产的波动而增加,股东可以通过用风险资产替换安全资产提高股权的价值。当杠杆公司用高风险投资项目,甚至是负净现值项目代替安全投资项目(资产置换或风险变换问题)经常获利时,股东和债权人的进一步的利益冲突就会发生。债权人对这种机会主义行为有所预期,他们需要所提供资本的高收益和/或保护性契约来保护自己的利益。增加的额外成本减少了公司价值(史密斯和沃纳,1979)。公司风险管理稳定了公司价值,因此减少了股东的资产置换的动机(史密斯,1995;坎贝尔和科瑞考,1990)。如果公司致力于实施公司套期保值政策,会减少股东与债权人之间的委托-代理成本。但是,公司保证持续的公司套期保值政策是困难的,如果公司因持有风险项目获利丰厚,它可能考虑终止风险管理(史图斯,2001)。

不过,莫瑞莱克和史密斯 (2007)证明,股东一般从发行新负债和实施套期保值策略同时进行中获利,因为借出者将在低利率水平提供同样的资金。同时,公司也通过相同的金融机构去安排负债额度。这使金融机构可以监视借款者的套期保值程序。所以,金融机构提供了更适合的条件,使公司与相同金融机构建立贷款限额和套期保值的头寸。

如果公司采纳的项目的收益大部分由债权人获得,股东有可能放弃提升公司价值的项目(投资不足问题)。公司有很高的负债比率时,这种状况会发生,这时公司价值很低,因为债权人先于股东被偿付,有价值的项目不能使股东获利。解决这个问题的方法,如重签合同或协商债务合同,是昂贵的和不切实际的(史密斯等,1990;迈尔斯,1977)。

虽然可以通过减少债务比例减轻投资不足问题,但公司风险管理可以在不损失负债的税收收益的条件下实现相同的目标。这主要是因为,公司套期保值减少了公司价值的波动,并且即使公司价值有所降低,也不会达到股东有动机放弃正净现值项目的水平(史密斯,1995;白塞宾德,1991;史密斯等,1990;迈尔斯和史密斯,1987)。

#### 2.1.2.2 破产和财务困境成本

持有负债的公司现金流不足以及时和足额地支付固定偿付义务时,就会陷入财务困境,并有可能破产。这个风险随负债比例的提高或现金流的更大波动而提升。公司无力履行固定偿付义务将被迫破产,这时债权人和股东尝试去恢复他们在公司中的投资。尽管债权人是优先权益的持有者,但当公司价值下降到债权价值以下的左尾时,债权人就会遭受损失(沃纳,1977a)。破产的直接成本在真实的破产程序中产生,主要有律师费、行政和会计费用及专家费。平均来说,破产的直接成本通常只有股东价值的1%到3%(魏斯,1990;沃纳,1977b)。如果预感到最近无力偿付,则甚至在公司真正申请破产之前还可能遭遇间接破产成本。这个成本因为供应商与客户不愿与公司做生意、管理者的注意力被扰乱、管理者和员工要求报酬的风险溢价等而产生。间接的破产成本比直接成本大很多,达到公司价值的20%(卡特勒和萨莫斯,1988)。

财务困境的期望成本主要来源于低的公司价值,即达到破产状态的概率乘以实际的成本。公司风险管理通过减少公司价值的波动降低了达到左尾的概率,这降低了财务困境的期望成本(史图斯,2001;拉波索,1999;桑托莫罗,1995;多尔德,1993;罗尔斯和史密森,1990;史密斯等,1990;迈尔斯和史密斯,1982)。公司风险管理通过公司承担更多的负债提高了公司价值,换句话说,通过提升最优的负债权益比率,可以使公司享受到更大的税盾(格雷厄姆和罗杰斯,2002;利兰,1998)。

### 2.1.2.3 协调投资与融资政策

公司风险管理可以通过协调公司投资与融资政策提升公司价值。未来的现金流是不确定的,为增长机会融资的内部资金总是显著地变化,当内部资金不足以为所有正净现值的项目融资时,公司被迫削减投资计划或发行外部股票或债券。外部资本因代理冲突而代价高昂。债权人要把关于破产和财务困境的期望包括在借款决策中,非零的违约可能性导致他们要求公司负债的更高的收益。虽然这使他们从他们的投资中获得公平的价值,但它提升了负债的成本并减少了公司价值(迈尔斯,1993;1984)。其他保护他们权益的方法包括限制关于融资和投资政策的管理决策的协议。如果他们事前去阻止管理者从事正确的投资项目,这些协议也降低了公司价值(巴特拉姆,2000)。同样,新股发行对公司价值也有负的影响,投资者会预感到估价过高时管理者发行新股的动机(阿斯奎特和马林斯,1986)。

因为外部资本的成本高昂,与在资本市场筹资相比,公司更多地是削减他们的投资费用,相应的投资项目就是前面所说的有利可图的投资项目。实证证据显示:高现金流波动可能导致永久的投资削减(明顿和斯朗德,1999)。公司套期保值可以保证公司有足够的内部资金在没有外部融资时去为他们的有利可图的增长机会融资,这也减少了资本市场对管理者的监控(张,2000;图法诺,1998)。此外,公司趋向用内部自然产生的资金去满足资金的需求,有很低的动机去套期保值(斯白诺,2001;摩尔等,2000;科普兰,1999;梅洛和帕森斯,1999;菲特和弗莱德尔,1995;桑托莫罗,1995;弗鲁特等,1994;1993;莱温特和卡尼,1990)。

### 2.1.2.4 公司税

如果税收曲线是凸的,即税收增加的比例比应税收入多,波动的应税收入导致产生比稳定的税前收入高的税赋。一定程度上公司套期保值稳定了应税收入,因为来自高收入状态的节约大于低收入状态的额外税收而创造了价值,因而降低了平均税赋(史图斯,2001;巴特拉姆,2000;格雷厄姆和史密斯,2000;1999;桑托莫罗,1995;史密斯,1995;卡利和诺伊,1990;迈尔斯和史密斯,1990;罗尔斯和史密森,1990;史密斯等,1990;史密斯和史图斯,1985)。

税收曲线的凸性是受法定的累进税的影响。然而，法定的累进税在大多数税收系统中相对来说是有限的（迈尔斯和史密斯，1990）。另外，间接的影响是可以导致产生凸的税收函数。这些间接影响通过特别税收优惠项，即税损结转和/或投资税收抵免发生作用，它们受限制性的规章和制度约束。因而，在低收入或损失状态下公司不能完全利用这些影响获利（麦凯—梅森，1990）。如果风险管理可以减少公司税赋，在税制凸区域有更多收入或更多特别税收项目的公司有更强的动机使用衍生品套期保值。所以，分析这个假设的代理致力于税制凸区域的收入或特别税收项目。

### 2.1.3 管理者自利动机

管理者和股东有利益分歧，因为当公司中管理者所有权比例低时，他们偏好花费工资之外的特权享受。另外，在选择公司风险水平时，管理者可能考虑他们个人对风险的态度，而不是与股东的偏好完全匹配（梅，1995；史密斯和史图斯，1985）。当活动监控可能阻止管理者的非价值最大化行为时，没有单个股东有很强的动机去执行监管活动，因为假使所有权是广泛分散的，监控是昂贵的，监管的成本由实施行动的股东负担，而所有投资者都将获利（免费搭便车问题）。但是，大股东，如机构投资者，有很高的动机保持警惕，因为他们不只承担了成本，也获得了显著的收益。不过，持有一个公司的大量股份也有不利因素，如分散化获益（马科维茨，1952）。

管理者在公司中有一个不可分散的财富头寸，由现在和将来的货币和非货币效用构成，如声誉、奖金和晋升。管理者福利与进行中的业务紧密相关，管理者倾向于将公司的风险降低到与股东价值最大化发生冲突的水平，或者需要很高的补偿去承担高风险（迈尔斯和史密斯，1990；史图斯，1990；1984）。

公司风险管理通过减少非系统风险而对持有大量股份的非分散股东更具吸引力。股东集中，可以实施有效监控，将使管理经营更有效，并产生相应的高现金流（史图斯，2001；菲特和弗莱德尔，1995）。公司套期保值可以降低波动并降低管理者对公司特有风险所要求的补偿（德马索和达菲，1995），而且，它可以降低管理者从事高成本的分散策略的动机，如经营分散化（博德纳等，1997；伯杰和奥菲克，1995；科门特和哈雷利，1995）。

除监控外，管理者激励通过提供给管理者致力于股东价值的激励使委托人和代理人的利益一致，所以管理者报酬经常与股票价格相关联。管理者股票激励程序使其报酬与股票价格成线性关系，公司价值变化引起管理者报酬以线性形式变化。因为管理者的财富头寸不可分散，他们与股东相比更厌恶风险，股票激励程序使管理者减少公司特别风险甚至更多。相比之下，非线性激励结构，如股票期权程序，提供了比公司价值提升更大比例的收益，产生了凸的回报曲线。因此，非线性报酬可能与股票程序相反，为管理者提供了承担更多风险的激励。

不过，当管理补偿与股票价格相关时，报酬的改变有时不和管理者的决策相关，而是由于普遍的市场波动，这把管理者暴露于不可控的系统风险之中。这可能产生不正常的行为，例如，管理者宁愿损害公司价值而去降低他们的风险暴露（史图斯，2001）。

### 2.1.4 公司竞争动机

在竞争行业中，如果套期保值是不普遍的，产品价格将同相关成本一样，随汇率的变化而变化，这相当于给公司提供了一个自然的套期保值途径。如果行业中普遍使用套期保值，产品价格对汇率变动将是不敏感的，利润的变化将是很随机的。随机利润是被厌恶的，如果有很多竞争对手进行套期保值，那么非套期保值的决策将损失更多。如果竞争对手套期保值了，即使公司在控制了行业水平的风险暴露后，也更可能去套期保值。这个战略性动机是强的，并且与现行的公司特别因素的理论相比显得更加重要（奈恩，2004）。

### 2.1.5 环境约束动机

公司从事风险管理的决策不只被公司特征决定，公司所在国家的特征可能提供了额外的影响公司套期保值的因素。特别是，位于发达国家和高流动性市场中的公司可能套期保值更多，因为他们可以方便地使用衍生品，因而套期保值更便宜。法律系统也会影响公司套期保值。具有很强的法律系统的国家，订约成本是低的，因而方便公司使用衍生品。相比之下，来自公司套期保值的收益在法律系统弱的国家可能较高，因为有更高的直接破产成本，公司套期保值的回报就更有价值。同时，在股东权利更强的国家里股东可以因公司业绩不佳而轻易地替换管理者，因而对管理者产生了对财务风险导致的公司业绩不佳进行粉饰的套期保值的动机。不同的是，在小的不稳定经济体中的公司有更强的动机去套期保值。出于同样原因，在高经济、财务和政治风险环境中的公司可能更多使用衍生品（巴特拉姆、布朗和法勒，2009；博德纳等，2003）。尽管公司水平衍生品使用的国家特别决定因素到目前为止还未广泛检验，但本国衍生品市场规模与公司套期保值决策肯定并且显著相关，这与在高流动性衍生品市场套期保值更低并存。而且，总部所在地公司面临高财务与经济风险时通常套期保值更多，这是因为它们面临着更多的风险暴露；但总部所在地公司面临高政治风险时却很少利用公司风险管理。这个国家特性理论的证据至少是相互矛盾的（巴特拉姆、布朗和法勒，2009）。

### 2.1.6 合理评价管理者动机

当管理业绩被非核心业务风险扭曲时，高胜任能力与低胜任能力的管理者之间的区别变得模糊。公司风险管理可以通过减少市场波动对公司价值的冲击而增加公司价值，帮助区分有效的管理者与无效的管理者（巴特拉姆，2000；坎贝尔和科瑞考，1987）。被加强的管理业绩与股东价值之间的相关性使激励程序成为激励管理者致力于实现股东价值的更有效工具。

## 2.2 套期保值效应

### 2.2.1 套期保值对公司价值的影响

对于套期保值提升公司价值的理论预期，实证提供了一些支持，例如，有汇率风险暴露的美国公司大样本进行套期保值提升了大约4%的公司价值（阿累埃尼斯和韦斯顿，2001），美国航空业的样本进行套期保值提升了12%~16%的公司价值（卡特等，2006）。而且，有一些公司风险管理的价值影响依赖于公司治理结构的证据，但似乎只是在强公司治理的国家存在积极价值影响（阿累埃尼斯等，2004）。同时，其他的研究要么发现了显著的价值影响，要么公司套期保值减少了公司价值（瓜伊和科塔里，2003；阮和法福，2003）。这些结果的取得是建立在一定基础之上的，即要求影响股东财富的公司属性的衍生品代理是正确的（鲁克曼，2003）。再者，在商品基础行业可以获得更详细的证据。特别是，一个研究调查了1998—2001年119家美国石油和天然气生产者的套期保值活动，度量了其对公司价值的影响，这个研究建立在详细的套期保值程度信息和石油及天然气储量的度量基础上（吉恩和乔瑞，2006）。套期保值减少了公司股票价格对石油和天然气的敏感度，但似乎不影响这个行业公司的市场价值。直接分析公司套期保值的价值影响的研究证据是相当矛盾的，还有无结果的证据，需要在这个议题上进一步实证，或是做理论的分析。

在公司财务中，公司套期保值的价值影响的实证检验被内生性问题困扰，是公司价值决定套期保值选择，还是套期保值决定价值。不同的研究用不同的方法论述了这个议题，如联立方程模型（巴特拉姆、布朗和法勒，2009；格雷厄姆和罗杰斯，2002）或选样（吉恩和乔瑞，2006；瓜伊，1999）。巴特拉姆等（2006）研究了来自全球47个国家的6 896个非金融公司样本，用不同的方法控制了内生性，发现了衍生品的使用可以降低公司风险的强有力证据，还有衍生品的使用与更高的公司价值相关的证据（如通过市价与账面比的度量）。

总之，对公司风险管理提升价值的理论的广泛分析和相应的大量实证检验显示，这些理论论据在非金融公司使用衍生品的决定因素中多少有些不成功。这个主要结论与巴特拉姆、布朗和法勒（2009）提出的论据与证据一致，指出衍生品的使用作为公司财务策略的一部分，应考虑财务风险的类型和水平、风险管理工具的有效性及公司的运营环境。特别地，证据显示衍生品使用与负债水平和期限、股利政策、流动资产的持有及运营套期保值的程度相关。同时，公司不使用金融衍生品，却大量依赖过手证券，运营套期保值及外汇负债去管理财务风险（巴特拉姆、布朗和明顿，2009；瓜伊和科塔里，2003；迪亚和马朱达，2003）。结果，在说明了不同套期保值种类的影响后，就如一小部分具有显著汇率风险暴露的公司所证明的，财务风险，如汇率非期望的变化对非金融公司的影响普遍小（乔瑞，1990）。同时，公司套期保值决策可能被同行业内的其他公司影响，例如，一个非套期保值公司的外汇风险暴露会随行业内套期保值程度的提高而增加（奈恩，2004）。

### 2.2.2 套期保值对管理者的影响

由于经理层（高级员工）参与公司决策，其能够参与是否使用衍生产品的决策，因此，经理层与其他利益相关人在衍生产品使用的关系上是不一样的。

由于公司风险对公司未来现金流有着负面的影响，因此高风险意味着公司有更高陷入财务困境的危险，而财务困境将会对经理层产生负面激励：①经理层可能以债权人的利益为代价，选择高风险的项目；②即使公司还能够维持，经理层亦可能会选择解散和清算公司；③可能有动机去制造质量低劣的商品和降低工作环境的质量。

詹森和麦克林（1976）认为，管理者为追求其个人财富的最大化，而采取一些自利行为，偏离使股东财富最大的营运目标，而产生了管理者与股东之间的利益冲突，形成权益代理问题。管理者的收入及财富与公司相关联，管理者持股比例越高，风险回避倾向越高。史密斯和史图斯（1985）认为，具有风险回避倾向的经理人，所持有的公司股权比例越高，将越倾向于通过避险来防止公司收益波动。因为经理人财富的预期效用是由公司预期利润来决定的，运用风险管理可以改变公司的预期利润，使经理人财富的效用最大，所以，当经理人财富的效用为公司利润的凹性（concave）函数时，经理人将倾向于避险来降低公司所得的波动性，以保障自身的权益。

弗兰德和兰德（1988）认为，经理人的自利行为将会影响公司的资本结构，经理人持股比例越高，其风险回避倾向越高，如通过降低公司资本结构中的负债比率来降低风险，此时经理人的立场与股东趋于一致，以使股东财富最大化为目标，而降低了委托代理问题。

然而规避风险可以采取改变公司资本结构的方式，亦可以运用衍生性资产来规避风险，但此时却有可能使委托-代理问题更加严重。一般来说，经理人持股比率与公司价值存在两种相反关系。一种是利益集中说（Convergence of Interest Hypothesis），另一种是掠夺假说（Entrenchment Hypothesis）。利益集中说是指当管理者持股比率增加时，股东与管理者的利益将趋于一致，在此情形下管理者的行为会以追求公司价值最大化为目标，因此经理人持股比率与公司价值呈正向关系。掠夺假说是指经理人持股比率越高，经理人较不用担心当工作绩效不佳时有被解雇之虞，会开始有一些非以追求公司价值最大化为目标的行为，因此经理人持股比率与公司价值呈负向关系。

图法诺（1998）认为，企业通过风险管理，使经理人个人财富最大化，但却使股东财富降低。经理人运用风险管理策略，为了避免融资成本增加而减少向外部融资，规避了外部监督，而加深了经理人与股东之间的代理冲突。所以企业使用衍生性金融资产避险程度越大，会使权益代理问题越严重，只有当代理问题不存在时，采用避险策略才可使公司价值最大化。

使用衍生品可以降低公司的经营风险。经理层自利说认为经理层使用衍生产品动机与股东不同，持有公司大量股份的公司管理层对公司风险状况的关心程度更高，并且其通过公司进行套期保值的成本远低于通过个人账户的成本，因此更有动力通过公司而非个人账户使用衍生产品，并从中受益。因此，如果公司管理层持有公司的大量股份，其会利用其决策权影响公司使用衍生产品进行风险管理，并且将从公司的风险管理中获益。但是，管理层有利用衍生产品进行投机的动机，因为运用衍生产品进行投机可以增加公司股票的风险，进而增加期权价值（波动性增加导致期权价值增加），而使管理层受益。但是，如果管理层的报酬包含了股票期权，其就没有使用衍生产品的动力，这是因为，管理层使用衍生产品进行风险管理将会降低公司收入的波动，进而降低股票期权的价值。因此，持有大量股票期权的经理层可能会选择不进行套期保值，这时衍生产品的使用就会对其利益有负面影响。

## 2.3 管理者防御

管理者防御动机的存在使得经理人会采取对本身有利但未必是最大化公司利益的策略，从而对组织运行产生冲击并且会危及股东利益。管理者防御动机虽然与以往代理文献所强调的动机(如道德风险)有所不同,但影响一样广泛,同样会产生代理成本。正如詹森和鲁贝克（1983）所认为的,不称职经理人员对解聘行为的抵制可能是最为严重的代理问题。

### 2.3.1 公司经营活动以及财务政策选择中的管理防御行为

施莱弗和维什尼（1989）认为，现任经理通过扩大公司规模来提高公司对其依赖的程度，从而使得经营者具有了更大的职业保障。他们通过建立报酬契约模型说明经理人为了使自己对股东更有价值，有动机进行过度的专属投资。诺伊拉贝尔（1997）从经理人力资本专有性特征角度研究了管理者防御对公司投资项目选择的影响。研究假设，企业存在长期投资与短期投资两个项目，其净现值都大于零，但由于受到资金的限制而只能选择其中一个。从股东价值最大化的角度出发，应该选择具有较大现金流的项目，而不论项目的期限长短，然而经理往往总是选择长期投资项目，因为它使经理人在这些项目上的留任对未来现金流的实现非常必要，增加了经理与股东讨价还价的能力。鲁迪格（2005）从组织行为学角度进行分析认为，防御的经理人通常喜欢任用能力比自己差的下属，以防止别人超越自己。以上研究表明，防御的管理者会通过进行专属性的过度投资、敲竹杠的长期投资和任用次等人选等行为加大股东的更替成本，提高自身对公司的重要性。

在资本结构决策问题上，防御的经理人与股东的目标本身就存在着冲突。股东希望充分利用负债的杠杆作用实现收益的最大化，而经理人为了减轻支付利息的绩效压力，为了降低财务困境下所必须承担的庞大的转换工作成本（哥尔桑，1989），却表现为偏好股权融资而尽可能地避免负债融资，容易出现融资保守行为。

泽伊内普（2005）研究发现，具有防御动机的经理人为了其职位安全，往往会不顾公司长远利益而具有迎合那些掌控自己职位命运者意愿的倾向。

### 2.3.2 管理者防御对公司价值（股东财富）的影响

默克、施莱弗和维什尼（1988）以 371 家大型美国公司为样本来检验内部人股票所有权和公司绩效（托宾 Q）的关系，研究发现二者之间存在非线性关系，即随着内部人持股比例的增加，托宾 Q 值呈先升后降的趋势。与默克等（1988）的研究相类似，希利尔和科尔根（2001）、法里尼亚（2002）、摩耐尔、瑟韦斯和林斯（2003）等检验了经理股权与公司业绩之间的关系。研究显示，公司业绩没有随着经理股权比例的增加而增加。赋予经理人股权本来是股东解决代理问题的一种手段，但是当股权比例达到一定范围时，经理拥有股权反而使之有了更多投票权和更大的影响力，从而更有可能以自身利益最大化行事而不会危及他们的职位，产生了管理防御代理成本，降低了股东的权益激励效率。

20世纪80年代中后期，众多学者对美国企业盛行的反并购反接管行为如何影响股东财富进行了研究。虽然一直存在着"股东利益趋同"和"经理管理防御"的争论，但是大多数研究认为，反接管行为表明了经理与股东的冲突，管理防御效应明显。丹恩和迪安罗（1983）考察了美国1977—1980年81起"停滞协议"或私下协议回购前后股票市场的反应，实证检验数据表明，平均而言，"停滞协议"减少了其他股东的利益，是经理人的一种自利行为。

布兰得利和屋莱门（1983）以美国1974—1980年的86起单笔大宗股票回购作为样本进行分析，发现有21个样本公司在大宗回购后，曾作为潜在收购者的重要股东都终止了对公司的收购企图，而对比"非收购组"样本公司，"收购终止组"样本公司股票价格的平均累积超常收益率显著为负。分析认为，由于私下协议回购只是针对少数重要股东且支付的回购溢价大多很丰厚，从本质上看，经理人所进行的这种私下协议回购是为了降低收购的威胁，高溢价迎合对他们有潜在收购压力的重要股东，违反了"同股同权，同责同利"的一般法则，是对其他股东财富的损害，是对全体股东财富最大化的偏离。由此得出结论：与经理人自身防御接管相关联的大宗回购事实上导致大多数股东蒙受了相当大的损失。

## 2.4 文献评述

目前，对于非金融公司套期保值理论上形成了比较一致的结论，并得到了广泛的认可，但在实证检验上却是比较混乱的。

第一，大多数实证研究没考虑描述公司财务政策和策略的不同程度变量的内生性。实证研究大都使用投资机会、杠杆、负债期限、股利、期权执行价格、现金持有量、Z-score、所有权集中度、治理指数等的度量，这些都有一定的内生性（瓜伊，1999）。

第二，识别问题。对于公司套期保值决定因素的代理，它们不能同时也是公司其他财务特征的决定因素，如杠杆、补偿或支付政策；反过来一样。

现行的财务理论还不足以解决这个问题。例如，大多数杠杆的决定因素对套期保值也是重要的（格雷厄姆和罗杰斯，2002）。很多研究没有识别这个问题，只有不多的近来的研究设法去解决这个议题，例如，联立方程模型和结构公司财务模型，可以减轻这个问题，并在根本结构参数的收益无偏估计上取得进步。

第三，关于变量对风险管理的影响是非线性的认识不足。一些研究认为，公司投资机会影响它的套期保值动机，既然更多的投资机会意味着更大的投资不足问题，那么高成本必然包含更强的套期保值动机。但更多的真实资产（即较少的增长机会）导致出现更大的自由现金流问题，这意味着有更强的套期保值动机（摩尔莱克和史密斯，2007）。为了能在实证分析中捕捉到这些真实的结果，根本的结构参数的详细理解是必需的。而且财务理论不能明确地指出公司特征参数可采用截面数据来进行适当估计。

第四，实证检验总是致力于风险管理的一个方面，即用金融衍生品去代理公司水平的套期保值，但公司通常使用各种协调风险管理的工具，包括外汇负债、运营套期保值措施及过手证券。这只是不同工具的套期保值之间选择的有限的分析（如外汇衍生品或外汇负债）。公司可能有风险暴露和强的套期保值动机，可能使用混合负债工具（如外汇负债，它可以分解为本国债券加上一个嵌入式的货币衍生品）代替（独立）衍生品。事实上，很小的一部分理论在足够详细的水平上详述了这个被使用的特别的套期保值工具（巴特拉姆，2006；盖伊等，2003；布朗和托夫特，2002）。

第五，公司套期保值的真实程度非常难度量。公司使用不同的风险管理工具的投资组合，使金融衍生品的使用、套期保值的程度很难量化。除潜在的会计披露的局限，公司实际上持有不同支付（线性或非线性）、名义数量、到期日、执行价格等衍生品的投资组合，投资组合对公司风险的联合影响是难度量的，尽管套期保值度量（如 $\Delta$）依赖于价格是可测量的。最后，大多数研究把公司分为套期保值者与非套期保值者，不允许公司随时间在两组之间变换。这些数据问题限制了实证检验在这方面的效力。

# 3 理论基础

在本章，笔者将从新制度经济学的视角对承担风险的管理者激励进行分析。首先，本书假设管理者获得的报酬是企业利润的线性函数，从委托—代理理论的角度推导了股东和管理者在结果是确定性的和结果是不确定性的条件下双方的最优行为选择，当然，本书把重点放在了结果不确定的条件下；其次，针对我国特殊的国情——国有企业众多，国有企业的管理者（包括董事长和总经理）的显性报酬与普通员工没有很大的差别，即报酬表现出刚性的特点，本书把这种工资表现为刚性特点的非显性机制称为"隐性合约"，利用隐性合约理论来讨论企业的套期保值行为。

信息不对称是委托—代理理论的基本假设，这个理论认为代理人较之委托人有信息优势，例如，委托人可能是一个公司的所有者，而其经理则是代理人。更一般地讲，雇主可能是委托人，而雇员则是代理人，如此等等。在这里要区分两类信息不对称，这取决于双方是事前信息不对称还是事后信息不对称。在这类文献中，它们分别被称为逆向选择（事前信息不对称）和道德风险（事后信息不对称）。在第一种情况下，具有信息优势的一方有事前机会主义倾向；在第二种情况下，具有信息优势的一方有事后机会主义倾向，而且在道德风险里，必须区分是隐藏信息（代理人有委托人所不知的信息）还是隐藏行为（代理人的努力程度不为委托人所知）。

人们的预期是不完全的，因而就不可能列举出未来会有的各种情况并据此签订合约，换句话说，阿罗的时间—状态—偏好原理实际上没有用处。在现实世界里，期货和保险市场为数不多。解决这个问题的极端方法就是运用希克斯的现货交易模型，即运用暂时均衡原理。给定世界的每一个状态，这是一个适合一期（目前）的新古典一般均衡模型。在这个模型中，市场（现货市场）为每期的供需平衡所出清，现时价格或工资根据世界状态的变化

（以一个冲击变量表示）而波动。作为一个选择，风险中立的雇主可以事先提供一个一期合约给风险厌恶型的工人。这种方式降低了工资的波动，但得到的却是一个较低的工资水平。换句话说，对应每一个价格水平，厂商就向工人提供一类规避实际工资波动的保险合约。

本书从处理信息不对称的模型入手，首先考虑道德风险这一话题。可以以所有权与控制权的分离为例，运用一个简单的委托—代理模型进行分析。

# 3.1 委托—代理模型

本书首先来考察没有外部冲击，也就是确定性条件下委托人和代理人的最优行为选择。在委托—代理模型中，代理人与委托人相比有信息优势，这个模型提供了一个自然的分析框架，可以探讨这样的问题，即在许多交易关系中信息约束会产生重要的经济影响，因此应该将其与一般的资源约束同等对待（霍姆斯特姆和米格罗姆，1987）。

### 3.1.1 结果确定的情况

代理人（经理）控制着由委托人（股东）所有的公司。公司的利润 $Q$ 取决于代理人所付出的努力 $e$，即 $Q(e)$。在确定的情况下，$Q(e)$ 的关系被认为是给定的。例如，利润与努力程度是同比例增长的：

$$Q = e \tag{3.1}$$

$Q$ 和 $e$ 都以美元为单位。

委托人不能直接观察到代理人所付出的努力程度。简而言之，信息是不对称的。但是，因为代理人的努力总是可以产生一定的、可量化的利润水平，因此委托人可从已实现的利润 $Q$ 来推断出代理人的努力程度。

假定代理人所付出努力的（主观）成本为 $c$，$c$ 用货币计量：

$$c = \frac{k}{2}e^2 \tag{3.2}$$

且 $k>0$，$k$ 是努力的边际成本增长率（$c'=ke$）。委托人付给代理人的工资或激励安排为 $w$。代理人的工资和他的努力成本间的差异即 $A=w-c(e)$，是代理人以货币形式表示的效用水平。由式（3.2），代理人的效用函数为：

$$A = w - \frac{k}{2}e^2 \tag{3.3}$$

进一步假定委托人付给代理人一个线性的激励安排：

$$w = r + \alpha Q \tag{3.4}$$

式中：$r$ 表示固定费用；$\alpha$ 表示利润份额（$0 \leqslant \alpha \leqslant 1$）。

代理人的决策问题可以写成如下模型：

$$\max_e A = r + \alpha Q - \frac{k}{2}e^2$$

$$\text{s.t.} \quad Q = e$$

将 $Q$ 换成 $e$ 后，一阶条件是：

$$a - ke = 0$$

或

$$e = \frac{\alpha}{k} \tag{3.5}$$

式 (3.5) 是代理人对委托人的激励安排 $w = r + \alpha Q$ 的反应函数。

在这个例子中，对代理人的效用最大化来说，一阶条件也是充分的。

假定现在委托人知道他的代理人的反应函数。以向代理人提供一定的利润份额 $\alpha^*$ 作为激励，委托人可以使代理人付出努力 $e_1^*$，因此，式 (3.5) 也被称作委托人关于代理人决策的激励约束（Incentive Constraint，IC）。

另外，假定代理人可自由地决定是否接受委托人的激励安排。如果委托人提供的激励不少于他的保留效用，他将接受这样一个安排，保留效用由他选择的机会成本决定。这就是参与约束（Participation Constraint，PC）。根据式 (3.1)、式 (3.3)、式 (3.4)，参与约束是：

$$r + \alpha e - \frac{k}{2}e^2 \geqslant \overline{A} \tag{3.6}$$

委托人的目标函数是他的净利润：

$$Q^n = Q - w$$

或

$$Q^n = (1-\alpha)e - r \tag{3.7}$$

委托人的决策问题可写成以下模型：

$$\max_{r,\alpha} Q^n = (1-\alpha)e - r$$

$$s.t. \quad e=\frac{\alpha}{k} \quad （IC）$$

$$r+\alpha Q-\frac{k}{2}e^2 \geq \overline{A} \quad （PC）$$

委托人在代理人的激励和参与约束下，最大化自己的净利润。

当然，追求净利润最大化的委托人将尽可能少付报酬来获得代理人的服务。由于参与约束，式（3.6）将变成"紧"约束：

$$r+\alpha e-\frac{k}{2}e^2=\overline{A}$$

假定 $\overline{A}=0$，解得：

$$r=\frac{k}{2}e^2-\alpha e \tag{3.8}$$

这时，委托人的决策问题为：

$$\max_{r,\alpha} Q^n= （1-\alpha)e-r$$

$$s.t. \quad e=\frac{\alpha}{k} \quad （IC）$$

$$r=\frac{k}{2}e^2-\alpha e \quad （PC）$$

将 IC 和 PC 代入目标函数，委托人的决策问题变为：

$$\max_{\alpha} Q^n=\frac{\alpha}{k}-\frac{\alpha^2}{2k}$$

一阶条件是：

$$\frac{1}{k}-\frac{\alpha}{k}=0 \tag{3.9}$$

或 $$\alpha^*=1$$

用文字可表述为，代理人获得公司 100%的利润 Q。实际上，他成为公司利润的剩余索取者。

将式（3.5）、式（3.9）代入式（3.8），且令 $a=1$，则：

$$r^*=-(2k)^{-1} \tag{3.10}$$

用文字可表述为，代理人必须一次性付给委托人一笔费用$-r^*$（或"特许权"）。"特许权合约"便出现了。

将公司出租给代理人以获得费用$-r^*$，同时允许代理人获得所有利润，或者将公司出售给代理人以确保获得最优的努力程度$e^*$和最大化利润$Q^*$（拉齐尔，1987）。

在本书的例子中最优的努力程度为：

$$e^* = \frac{1}{k} \tag{3.11}$$

由式（3.11），最大化利润为：

$$Q^* = \frac{1}{k} \tag{3.12}$$

那么，由委托人付给代理人的最优工资为：

$$w^* = r^* + \alpha^* Q^* = \frac{1}{2k} \tag{3.13}$$

它等于代理人的保留价格，同时对于他努力成本的补偿为$c(e^*) = \frac{1}{2k}$：

$$w^* = \overline{A} + c(e^*) = \frac{1}{2k} \quad （因为 \overline{A} = 0） \tag{3.14}$$

根据最优化的补偿水平$w^*$，且根据式（3.12），实际上代理人收到最大利润$Q^*$的50%，剩下的50%付给委托人。

委托人的最大净利润为：

$$Q^{n*} = (1 - \alpha^*)e^* - r^* = \frac{1}{2k} \tag{3.15}$$

这不是获得最优努力程度$e^*$的唯一办法。

在结果确定的情况下，委托人通常可以由式（3.11）的结果推出代理人的努力程度。他已知代理人的保留效用（在此例中为零）和努力程度函数$c(e)$，即代理人的保留价格。

因此，委托人的最优问题可简化为：

$$\max_{e} Q^n = e - \overline{A} - c(e)$$

或在此例中：
$$\max_{e} Q^{n}=e-\frac{k}{2}e^2 \qquad (3.16)$$

可以看到，激励约束（IC）是多余的，一阶条件还是最优努力程度：
$$e^*=\frac{1}{k} \qquad (3.17)$$

同时，最大的总利润还是和从前一样，为：
$$Q^*=\frac{1}{k} \qquad (3.18)$$

因此，委托人可将 $Q^*$ 作为目标利润。如果代理人达到这个目标，他将付给代理人保留价格：
$$w^*=\overline{A}+c(e^*)=(2k)^{-1} \qquad (3.19)$$

如果代理人没有达到这个目标，委托人可要求他支付足够多的违约罚款（范里安，1992）。式（3.16）适用于双边垄断模型。这个方案假定委托人（买方）支配代理人（卖方）并且迫使他接受委托方设定的价格。

这个目标利润方案是使 $e^*$ 成为代理人最优选择的另一种方式，即代理人可以选择一个函数 $w(Q)$，可得：
$$w(Q^*)=\begin{cases} \overline{A}+c(e^*) & \text{若 } e=e^*(=\frac{1}{k}) \\ -\infty & \text{在其他情况下} \end{cases}$$

努力程度并不能被直接观察到，但是可由 $Q$（$Q^*=e^*$）推出。

努力程度 $e^*$ [式（3.11）] 是最优水平，即如果努力程度可被直接观察到，这个水平也会被选择。

在结果给定（完全信息）的情况下，所有权与经营权的分离不会产生问题。特别地，因为委托人通常能从结果推出代理人的实际效率水平，所以不会产生因信息不对称而带来的损失。

当然，如果假定代理人努力的结果是不确定的，情况又会不同。在此例中，这意味着利润水平 $Q$ 是不确定的。

### 3.1.2 结果不确定的情况

本部分考虑结果不确定的情况。在有关委托—代理问题的论述中，利润

$Q$ 不仅由代理人的努力程度 $e$ 决定，而且由某些外生冲击决定，并且委托人和代理人都不能控制外生冲击发生的可能性。这意味着，代理人通过选择其努力水平 $e$ 先行动，然后"自然"行动了，即它为随机变量 $\overline{\theta}$ 选择了一个特定的值，则总利润函数被假定为：

$$\overline{Q}=e+\overline{\theta} \qquad\qquad (3.20)$$

假定随机变量 $\overline{\theta}$ 服从正态分布，其中均值为零，方差为 $\sigma^2$。尽管委托人无法观察到代理人所付出的努力程度 $e$ 以及 $\overline{\theta}$ 的表征，但是委托人和代理人都可以不费成本地正确地观察到实际结果 $Q$ [式（3.20）的结果]。因此，委托人可向代理人提供一个激励安排，假定为：

$$w=r+\alpha Q \qquad 0 \leqslant \alpha \leqslant 1$$

但是利润 $\overline{Q}$ 是不确定的，委托人和代理人的效用水平也不确定。因此，应该考虑委托人和代理人对待风险的态度。如果双方都是风险中立者（即"不确定性" $\sigma^2$ 不影响他们），他们在不确定条件下的决策问题非常简单：委托人使其不确定净利润的期望价值 $E(\widetilde{Q}^n)$ 最大化，代理人最大化他的不确定效用的期望价值 $E(\widetilde{A})$。可以得到与上一部分一样的结果，即代理人承担了所有风险 [见萨平顿（1991）关于此问题的论述]。

然而风险中立是一个相当特殊的假设。假定代理人是风险厌恶者而委托人仍是风险中立者。对这种假设通常的解释是代理人，如经理（他将人力资本投入到公司中），不能像委托人那样进行投资多元化。这样的话，可以假定委托人实际上是大量同质股东的集合体（像一个决策者那样行动），每个股东拥有少量股份，因此，这些人能够很好地将其资产多样化。在这种情况下，必须对风险厌恶型的代理人采用一个不同的效用函数。

采用 Von Neumann-Morgenstern 效用 $u(\cdot)$ 方法并且使它的期望效用 $E[u(\cdot)]$ 最大化是一种很好的解决方式。为了数理推导尽可能简化，可以假定常绝对风险规避型的 Von Neumann-Morgenstern 效用函数为：

$$u(\widetilde{A})=-exp(-\alpha\widetilde{A}) \qquad \alpha>0 \tag{3.21}$$

代理人不确定程度的 Von Neumann-Morgenstern 效用可用相应的确定性等价来表示:

$$C(\widetilde{A})=E(\widetilde{A})-R \qquad R>0 \tag{3.22}$$

此时 $R$ 代表风险贴水。这是期望值 $E(\widetilde{A})$ 和代理人愿为"彩票"支付的 $(\widetilde{A})$ 之间的差额,也就是确定性等价 $C(\widetilde{A})$。根据特殊的 Von Neumann-Morgenstern 效用函数式(3.21)和一个正态分布的随机变量 $\overline{\theta}$,可以得到:

$$R=\frac{\alpha}{2}\alpha^2\sigma^2 \qquad \alpha>0 \tag{3.23}$$

(班贝克和斯皮尔曼,1981)。

将假定的线性的激励安排式(3.4)和总利润函数式(3.20)代入式(3.3)可得:

$$\widetilde{A}=r+\alpha e+\alpha\overline{\theta}-\frac{k}{2}e^2 \tag{3.24}$$

将式(3.23)、式(3.24)代入式(3.22)可得:

$$C(\widetilde{A})=r+\alpha e-\frac{k}{2}e^2-\alpha^2\frac{\alpha}{2}\sigma^2 \tag{3.25}$$

首先,确定最优解是有用的,它可以作为一个基准。如果假定信息是对称的,即假定委托人能够直接观察到代理人付出的努力,可以得到不确定情况的结果。如果进一步假定努力水平是可以谈判的,那么代理人的决策问题变为:

$$\max_{e,\alpha,r} E(\widetilde{Q^r}) = (1-\alpha)\ e-r$$

$$s.t. \quad C(\widetilde{A})=r+\alpha e-\frac{k}{2}e^2-\alpha^2\frac{\alpha}{2}\sigma^2\geqslant\overline{C} \quad (PC) \tag{3.26}$$

在代理人的参与约束下,委托人在完全知道代理人付出努力水平 $e$ 的情况下,使其净利润的期望值最大化。与以前一样,参与约束也起作用。因此

$$r=-\alpha e+\frac{k}{2}e^2+\alpha^2\frac{\alpha}{2}\sigma^2 \tag{3.27}$$

此时 $\bar{C}=0$。然后，将式 (3.27) 代入式 (3.26) 来建立委托人简化后的决策问题：

$$\max_{e,\alpha} E\ (\widetilde{Q''})\ =e-\frac{k}{2}e^2-\alpha^2\frac{\alpha}{2}\sigma^2 \tag{3.28}$$

因为期望净利润随着利润份额 $\alpha$ 的降低而提高，而且 $0\leqslant\alpha\leqslant1$，可以立刻得到最优化的利润份额，为：

$$\alpha^*=0$$

然后，求 $E\ (\widetilde{Q''})$ 关于 $e$ 的最大值。最优化的充要条件是：

$$e^*=\frac{1}{k}$$

将 $\alpha^*$ 和 $e^*$ 代入参与约束条件可得：

$$r^*=\frac{1}{2k}$$

因此，本书的委托—代理实例（有对称信息和不确定性的结果）的最优解是：

$$w^*=\frac{1}{2k}\ \text{和}\ e^*=\frac{1}{k} \tag{3.29}$$

代理人获得固定的工资报酬，风险中立的委托人承担了所有风险。

现在回到不对称信息和不确定结果的委托—代理模型。在这种新的条件下，委托人再也不能直接观察到代理人的努力水平。但是，因为他知道代理人的效用函数，他至少可以间接地控制代理人的努力水平。正如所看到的，最优合约 $(W^*, e^*)$ 不再可行。

从参与约束可知，不变的报酬（$\alpha=0, r=\bar{r}$）将使代理人停止努力（即选择 $e=0$）。因此，利润份额（$\alpha>0$）对于促使代理人付出正的努力水平（$e>0$）是必要的。不过，得到的结果只是次优的。

为了决定提供给代理人利润份额的最佳值，委托人必须现在考虑代理人的决策问题。可用如下的公式表示：

$$\max_e C(\widetilde{A})=r+\alpha e-\frac{k}{2}e^2-\alpha^2\frac{\alpha}{2}\sigma^2$$

由一阶条件可得：

$$e=\frac{\alpha}{k}$$

此等式还将作为委托人的激励约束条件（IC）。从确定性等价式（3.25）中可以获得参与约束：

$$r+\alpha e-\frac{k}{2}e^2-\alpha^2\frac{\alpha}{2}\sigma^2 \geqslant \bar{C} \tag{3.30}$$

像以前那样，假定 $\bar{C}=0$。

在信息不对称的情况下，结果不确定的委托人的决策问题变为：

$$\max_{r,\alpha} E\ (Q'') = (1-\alpha)e-r$$

$$s.t.\quad e=\frac{\alpha}{k}\qquad (IC)$$

$$r+\alpha e-\frac{k}{2}e^2-\alpha^2\frac{\alpha}{2}\sigma^2 \geqslant \bar{C}\qquad (PC) \tag{3.31}$$

或者，既然在前设条件下 PC 是紧的，同时：

$$r=-\alpha e+\frac{k}{2}e^2+\alpha^2\frac{\alpha}{2}\sigma^2$$

可将 $e$ 和 $r$ 代入式（3.31）以得到委托人简化后的决策问题：

$$\max_{\alpha} E\ (Q'') =\frac{\alpha}{k}-\frac{\alpha^2}{2k}-\alpha^2\frac{\alpha}{2}\sigma^2$$

从这个最大化问题的一阶条件，可得到最优利润份额：

$$\alpha^{**}=\frac{1}{1+k a\sigma^2}<1 \tag{3.32}$$

由于 $ka\sigma^2>0$，所以它是正的，在给定的条件下，它也是最大化 $E\ (\widetilde{Q}'')$ 的充分条件。$\alpha^{**}<1$ 意味着风险规避的代理者没有承担全部的风险。可以得到一个"分成合约"。

相应的最优努力水平是：

$$e^{**}=\frac{1}{k\ (1+k a\sigma^2)}<\frac{1}{k} \tag{3.33}$$

也即与结果确定的情况相比，代理人将付出较少的努力。最优的一揽子费用等于：

$$r^{**}=\frac{k a\sigma^2-1}{2k\ (1+k a\sigma^2)^2}>-\frac{1}{2k} \tag{3.34}$$

若 $ka\sigma^2>1,r^{**}>0$。换句话说，如果代理人的风险厌恶程度 $a$ 或结果的不确定性（$\bar{\theta}$ 的方差）足够高：

$$\alpha\sigma^2 > \frac{1}{k}$$

委托人必须付给代理人一笔固定的费用 $r^{**}$ 以促使他接受这个合约。既然委托人和代理人共同分担风险，在 $k$ 一定的情况下，最优利润份额 $\alpha^{**}$ 随着风险厌恶程度 $a$ 或方差 $\sigma^2$ 的增加而减少，而 $r^{**}$ 的最优价值先增加然后变为正值最后减为零。

如果 $\widetilde{Q''}$ 的方差 $\sigma^2$（且有很高的不确定性）较大，或者如果代理人风险厌恶的程度很高（系数 $a$ 很大），或者努力程度的边际成本很陡（$k$ 值较高），代理人将要求一个相对较小的利润份额 $\alpha^{**}(<\frac{1}{2})$。最优的努力水平 $e^{**}$ 将减少，因为对其进行激励所需的成本太高。

委托—代理问题由两个密不可分的部分组成，即风险分担和信息差别。如果双方都是风险厌恶型的，即使信息差异方面没问题，还是会有后果分担。的确，如果代理人是风险中立的，委托—代理问题的解将是：代理人承担所有风险，信息差异无关紧要。也就是说，委托人将得到一笔固定的收入［即本例中的 $r^* = - (2k)^{-1}$］，代理人将得到全部剩余，即代理人的激励并未被稀释（萨维尔，1979）。因此，将地出租给农民的地主仅会收取一笔与产量无关的固定费用，而产量一般与农民所付出的努力和天气变化有关，前者是地主无法观察到的。然而，如果代理人是风险厌恶型的，这就不是最优解了。既然人人都厌恶巨大的风险，只要风险与代理人的财富相比足够大，那种通过保留激励而将风险全部转移到代理人身上的简单做法就是行不通的。一家大公司的主席对于公司收入的波动几乎是不负责的（阿罗，1985b）。

最后，如果结果不确定，委托人最大的期望净利润是多少？根据目标方程式（3.26），我们计算：

$$E\ (\overline{Q''})^{**} = (1-\alpha^{**})\ e^{**} - r^{**} \tag{3.35}$$

将式（3.32）、式（3.33）和式（3.34）代入式（3.35）得到：

$$E\ (\overline{Q''})^{**} = (2k)^{-1}\ (1+\alpha k\sigma^2)^{-1} \tag{3.36}$$

如前所述，结果只是次优的，因为

$$(1+\alpha k\sigma^2)^{-1}<1$$

委托人最大的（期望）净利润 $E\left(\widetilde{Q''}\right)^{**}$ 是不确定的（$\sigma^2>0$），而代理人的风险厌恶程度（$a>0$）比最优净利润 $E\left(\widetilde{Q''}\right)^*=(2k)^{-1}$ 要小。

委托人的（期望）福利损失 $WL$ 为：

$$WL=E\left(\widetilde{Q''}\right)^*-E\left(\widetilde{Q''}\right)^{**}=\frac{\alpha\sigma^2}{2\ (1+\alpha k\sigma^2)}$$

在目前的例子中，$WL$ 等于总的福利损失，因为在此模型中代理人获得不变的保留效用 $\overline{C}$。因此，较小的风险厌恶程度（$a$ 值较小）或较小的不确定性（$\sigma^2$ 值较小），或较平缓的边际努力成本（$k$ 值较小）将使得解接近最优值。"所有这些与人们的直觉一致。"（霍姆斯特姆和米格罗姆，1987）

在正态分布的情况下，额外的信息对于代理人问题的解决是有意义的，它意味着方差的减小将使委托人受益。这已被前一例中的公式所证实（霍姆斯特姆和米格罗姆，1987）。福利损失是由努力的不可观察性以及代理人对风险的厌恶引起的。

如果委托人只有一个，他可以通过自己接手代理人的工作来避免福利损失，如管理自己的公司。如果他的保留价格（此模型中未考虑）不大于其福利损失 $WL$，他将会这么做。如果情况并非如此，如果代理人比委托人更能胜任某项工作，对于委托人来说，即使面临更大的"福利损失"，将这项工作委托代理人来做（即劳动分工）对其亦更有益处。

福利损失是代理成本的一部分，詹森和迈克林（1976）将其定义为：委托人的监督支出、代理人的紧约束支出和福利损失之和。在本章的例子中，监督和紧约束费用被假定为零。福利损失 $WL$ 是监督费用的上界。

## 3.2 隐性合约

可以用隐性合约理论来分析刚性工资现象。它表明在雇员们（相对于雇主来说）承担风险的能力有限的情况下，这可能是他们联合最优行为的结果。之所以会发生这种情况，原因在于，雇员们不能使他们主要的资本存量——人力资本——多样化。由于不完全性，交易费用就出现了，市场中可能产生各种各样的情况。

公司所有者能够使他们的投资多样化，然而仅仅拥有自身的工人却不能这么做，因为市场是不完全的。"这种差异就意味着，公司所有者和工人之间的交易可能会产生一些收益。"（泰勒，1987）"通过接受工资波动带来的风险，雇主们间接地向工人们提供了保险。这对工人们是有吸引力的，因为他们是风险厌恶者，而对风险中立的公司而言，也是没什么成本的。"（泰勒，1987）于是，降低风险是吸引工人的一个有效办法。因此，"隐性劳动合约理论并不以现场拍卖的劳动力市场为模型，而是以雇主和工人签订双赢、非书面、长期的合约的劳动力市场为蓝本"（泰勒，1987）。

这一领域的文献越来越多。首先是贝利（1974）、戈尔多（1974）和阿扎德斯（1975）的论文，他们假定信息是对称的。在 20 世纪 80 年代，随着委托—代理方法的发展，又引入了信息不对称问题。在这一部分，本章仅考虑信息对称的情况。假定有两个决策单位：一个企业和一个工人。外生冲击影响着劳动的边际生产力，将企业的生产函数定义为：

$$y=f(n) \qquad f'>0, f''<0$$

式中，$n$ 代表工作的小时数。

随机变量 $\overline{\theta}$ 的平均值为 1。企业和工人都可观察到任一时期 $\overline{\theta}$ 的值，也知道实际工作的小时数。换句话说，信息是对称的。在特定的自然状态 $\overline{\theta}$ 下，企业的（真实）利润被定义为：

$$Q=\theta f(n)-wn$$

式中，$w$ 表示工资率。

首先，如果劳动力市场是一个竞争性的现货市场，那么均衡工资是多少？在 $w$ 给定的情况下，企业使 $Q$ 最大化，同时在这个简化的例子里，工人提供固定数量的劳动 $n$。特定自然状态 $\overline{\theta}$ 下的劳动力需求方程为：

$$\theta f'(n)=w$$

对于一个固定的劳动力供给 $n$，这个方程同样决定了竞争性劳动力现货市场的均衡工资。它随着自然状况 $\overline{\theta}$ 的不同而不同。$\theta$ 的增加或减少会引起工资的增加或减少。换句话说，竞争性的现货市场中一个特定的均衡工资水平

$W^0$ 同样是某一特定自然状况 $\theta$ 的函数：$W^0(\theta)$。

其次，再次假定固定劳动力供给 $n$，如果劳动力市场像一个合约市场，后者被认为是一个双边垄断，其中企业支配员工，那么工资会是多少？由假设，企业（$F$）通过提供一个劳动合约首先行动，在这个合约中，对应每一个 $\theta$ 有一个不同的工资率。在这里，就业水平 $n$ 是恒定的，并且工资随自然状态而不同：$W(\theta)$。为简便起见，我们令 $n=1$。工人（$W$）接受或拒绝合约。接着，自然环境（$N$）行动，生产随之进行。如果工人（在第一天）接受合约，合约将按协议（在第二天）执行。就这种关系持续了两个时期来说，它是长期的。

在这种情况下，个人对待风险的态度会起作用。本章仍假定公司是风险中立的，工人是风险厌恶的。像前人那样，本章用一个凹的 Von Neumann–Morgenstern 效用函数 $u\,[w\,(\theta)]$ 来表示风险厌恶：

$$u\,[w\,(\theta)] \qquad u'>0, u''<0$$

注意，在此例中 $n=1$，因此，效用只会随着真实工资 $w$ 变化。

企业为每种状态 $\theta$ 都提供一个 $w\,(\theta)$，它们使得期望利润：

$$E\,(\widetilde{Q}'') = f(1) - E\,[w\,(\widetilde{\theta})]$$

最大化 [因为 $E\,(\widetilde{\theta})=1$]。如果工人至少能得到保留效用 $\overline{C}$，那么他将会接受这个合约，在假定的条件下，$\overline{C}$ 等于"现货市场上的彩票" $W^0\,(\widetilde{\theta})$ 的期望效用 $Eu\,[W^0\,(\widetilde{\theta})]$。如果代理人是风险厌恶的，那么总会存在一个 $C^0$ 使得确定性回报 $C^0$、确定性等价和彩票 $W^0\,(\widetilde{\theta})$ 对他来说是无差异的，即 $u\,(C^0) = Eu\,[w^0\,(\widetilde{\theta})] = \overline{C}$。由于假定工人是风险厌恶的，那么 $C^0 < EW^0\,(\widetilde{\theta})$ 成立。工人的 Von Neumann–Morgenstern 效用的期望价值将满足参与约束 PC：

$$u\,\{E\,[w^0\,(\widetilde{\theta})]\} \geq \overline{C} \qquad \text{(PC)}$$

追求利润最大化的企业知道工人的效用函数和他的保留效用 $\overline{C}$。因此，它为每个 $\theta$ 提供一个劳动力合约 $w\,(\theta)$ 以使 PC 被满足。所以，企业的完全决策问题就是在工人的参与约束满足的情况下使其期望利润最大化，参与约束是关于一系列状态依存的工资合约 $w\,(\theta)$ 的。换句话说，对于每一个 $\theta$，能满足以下条件的 $w$ 就是最优合约：

$$\max_{w(\cdot)} E\ (\widetilde{Q}^n)\ =f(1)-E\ (w\ (\widetilde{\theta}))$$

$$s.t.\qquad Eu\ (w\ (\widetilde{\theta}))\ -\overline{C}=0$$

或者

$$\max_{w} f(1)-E\ [w\ (\widetilde{\theta})]\ +\lambda\ \{E\ \{u\ [w\ (\widetilde{\theta})]\ -\overline{C}\}\}\qquad \lambda>0$$

对于每个 $\theta$ 有如下的一阶条件：

$$-1+\lambda u'\ [w\ (\theta)]\ =0$$

或者

$$u^*\ [w\ (\theta)]\ =\frac{1}{\lambda}=常数\quad 对每一个\ \theta$$

这表明风险中立的企业提供了一组工资使得工资的边际效用为常量，或者在特殊的条件下企业提供的真实工资 $w$ 在不同自然状况下是相等的。由于 $y=\theta f\ (n)$，$n=$常数，产量仍旧随着 $\theta$ 而波动。

与现货市场模型相比较，我们看到"产出的模式与竞争性劳动力现货市场完全相同"，而真实工资在此例中是不变的（布兰卡德和费舍尔，1989）。

现在，某组合给定的真实工资 $W^0\ (\widetilde{\theta})$ 的确定性等价是某种真实工资 $\overline{W}$。$\overline{W}$ 和彩票 $W^0\ (\widetilde{\theta})$ 对工人来说是无差异的。不仅如此，$\overline{W}$ 还小于期望的工资水平 $E\ [W^0\ (\widetilde{\theta})]\ =\overline{w}$。如果 $\hat{w}>\overline{W}$，工人将偏爱企业所提供的合约 $\hat{w}$ 而不是现货市场的结果。另一方面，风险中立型企业在竞争性现货市场下对于支付不变的工资 $E\ [W^0\ (\widetilde{\theta})]\ =\overline{w}$ 或一组工资 $W^0\ (\widetilde{\theta})$ 是无差异的，支付 $\hat{w}<\overline{W}$ 对他们来说更好。因此对于 $\hat{w}\ (\overline{w}<\hat{w}<\overline{w})$，双方都更偏爱"合约市场"的制度而不喜欢"竞争性现货市场"制度。企业和工人以描述性合约方式而不是拍卖方式来组织劳动力市场，双方都可以从交易中获利。

工资是"黏性的"，有一个合理的解释来说明为什么会这样。该理论的一个直接结论就是，工资并不由劳动力的边际收益产品来决定。不确定性劳动力收入流的部分风险被转嫁到第三方……通过企业对其员工隐含的或公开的承诺来达到这一点，这个承诺就是，员工的工资率、工作时数、就业状况或者这些因素的某个组合在一定程度上与商业周期无关。因而，风险从工资转移到利润，而且通过资本市场转移到企业所有者和信贷者收入流上（阿扎德斯，1975）。

正是在这里，阿扎德斯率先引入了隐性合约这个词。他写道，"在不确定性条件下，劳动力不是像新鲜水果那样竞价出售。相反，劳务同某种形式的隐性合约相交换，也就是后面所谓的隐性劳动合约，根据这个合约，企业在一个'合理的'期限内、根据实现达成的协议来雇用这些劳务的提供者"（阿扎德斯，1975）。一旦自然状况 $\theta$ 真的出现，企业、工人都不得不默许遵守"隐性合约"。如果 $w^0(\theta) < \hat{w}$，企业的支付将不能少于 $\hat{w}$；如果 $w^0(\theta) > \hat{w}$，工人们也不会离开。但这仅仅是一种解释，并没有在模型中得到验证。可以不妨认为（且宁愿这样认为），在隐性合约理论中，假定合约得到明确的签订和完美的执行，并且不需费用。就这一点而言，隐性合约理论与委托—代理方法并没有什么不同。在这两类模型中，不论合约是明确签订的还是默认签订的，均能不费成本地得到完美的执行。合约的执行问题并不属于此类分析。不仅如此，所谓的"合理期限"也未模型化。这里说明的隐性合约理论实际上是一个"一次性博弈"。

## 3.3 本章小结

本章在新制度经济学的框架下对风险的承担和激励进行了理论分析。本章将新制度经济学理解为交易费用经济学、产权分析方法和合约理论的某种混合。新制度经济学的核心思想是，制度对于经济运行的绩效是至关重要的。

首先，本章利用委托—代理模型考查了在没有外部冲击，也就是确定性情况下委托人和代理人的最优行为选择。假设人是有限理性的经济人，只要一有机会，他们就会是最大化自身效用的机会主义者。在这里，假定委托人给付代理人一个线性的激励安排：

$$w = r + aQ$$

式中：$r$ 表示固定费用；$\alpha$ 表示利润份额（$0 \leqslant a \leqslant 1$）。

此时，委托人的最大净利润是：

$$Q^{n*} = (1 - \alpha^*)\ e^* - r^* = \frac{1}{2k}$$

式中：$k > 0$，是努力的边际成本增长率。

他将付给代理人的保留价格为：

$$w^* = r^* + \alpha^* Q^* = \frac{1}{2k}$$

可以看到，为了激励代理人努力工作，委托人要将公司的最大收益的50%付给代理人，而自己只得到另一半。

其次，本章考查了存在外部冲击，也就是不确定性情况下委托人和代理人的最优行为选择。假设代理人承担了所有风险，委托人的最大净利润是：

$$E\ (\widetilde{Q^n})^{**}=(2k)^{-1}\ (1+\alpha k\sigma^2)^{-1}<\frac{1}{2k}$$

式中：$a$ 表示代理人的风险厌恶程度；$\sigma$ 表示利润的标准差。

代理人的保留价格也是：

$$w^{**}=(2k)^{-1}\ (1+\alpha k\sigma^2)^{-1}$$

同样，为了激励代理人努力工作，委托人要将公司的最大收益的 50% 付给代理人，而自己只得到另一半，但这时有一个福利损失：

$$WL=E\ (\widetilde{Q^n})^{*}-E\ (\widetilde{Q^n})^{**}=\frac{\alpha\sigma^2}{2\ (1+\alpha k\sigma^2)}$$

$WL$ 等于总的福利损失，较大的风险厌恶程度（$\alpha$ 值较小）或较大的不确定性（$\sigma^2$ 值较小），或较陡峭的边际努力成本（$k$ 值较小）将使得解远离最优值。福利损失是由努力的不可观察性以及代理人对风险的厌恶引起的。

最后，本章用隐性合约理论分析了风险承担。假设委托人承担全部风险，而代理人完全不承担风险，只取得较低的刚性工资，对双方来说将是更优的选择。因为相对于代理人而言，委托人是更加风险中性的，他（她）可以通过资本市场多元化自己的投资，降低非系统性风险；对于系统性风险，委托人可以选择出售或买入，从而使自己的风险承担达到一个合意的程度。而代理人却不能使他（她）们主要的资本存量——人力资本——多样化。"这种差异就意味着，公司所有者和工人之间的交易可能会产生一些收益。"（泰勒，1987）"通过接受工资波动带来的风险，雇主们间接地向工人们提供了保险。这对工人们是有吸引力的，因为他们是风险厌恶者，而对风险中立的公司而言，也是没什么成本的。"（泰勒，1987）所以，双方最优的激励选择应是委托人承担全部风险，代理人完全不承担风险，只取得较低的刚性工资。

从以上分析中可以看到，如果在实践中，让代理人去承担风险而又没有给予其相当的风险溢价回报，其必然会尽其所能地降低他（她）所承担的风险。如果信息不对称，机会主义行为不会受到处罚或处罚损失小于收益，这种降低风险的行为就不会停止。

# 4 套期保值动机初步分析

在本章，采用我国有色金属行业上市公司的数据来检验基于公司价值最大化并不是套期保值的动机，初步验证我们所提出的猜想的正确性。

## 4.1 引言

当资本市场非完美时，根据 MM 定理，作为公司的一项财务政策，套期保值并不能增加公司价值。然而，资本市场并不完美，积极的公司套期保值可以减少由于市场不完美所产生的摩擦成本，从而增加公司的价值或减少管理者承担的风险使管理者获益。现有的研究大多专注于公司价值最大化视角，这种观点认为，公司是否套期保值及如何套期保值取决于市场的不完美程度和在哪些方面存在不完美，不同的公司内外部特征描述了这种不完美程度和在哪些方面存在不完美，它们是公司套期保值的决定因素。这些决定因素所产生的摩擦成本越大，套期保值的获益就越大，越能提升公司价值，套期保值倾向也就越强；反之亦然。截至目前，鲜有从管理者自利视角进行的研究。其次，大多研究利用美国公司的样本，针对中国市场的研究很少。对于中国公司来说，套期保值的动机是什么？是否是出于公司价值最大化的考虑？与以往的研究是否相同？如果不同，不同在哪里？本研究试图通过对中国有色金属行业上市公司套期保值的决定因素进行探索，以期获得有益的结论。

本章的结构安排如下：第二部分是理论分析与研究假设；第三部分是研究设计，包括样本选取与数据来源、变量定义和模型设计；第四部分是实证结果，包括描述性统计、单变量分析和回归分析；最后是结论与启示。

## 4.2 理论分析与研究假设

早期的套期保值理论，认为生产者是风险厌恶的。由于收益的边际效用递减，对于不同状态下的相同的预期收入，风险厌恶的生产者总是偏好风险小的收入，而套期保值可以减少公司收入的波动，减少收入的风险，从而提高生产者的效用。

随着资本资产定价模型的提出和对风险管理认识的深入，人们意识到这样的理论对股权集中的公司的所有者来说是适用的，对于股权分散的公司的股东来说则是没有必要的。根据投资组合理论，公司的风险分为系统风险和非系统风险，随着投资组合内证券数量的增加，非系统风险可以被有效地分散掉，而系统风险是不能被分散掉的。对于把个人财富集中于某一公司股票的股东，无法有效地分散风险，这时公司进行套期保值降低公司收入的风险，也就降低了股东的风险，从而风险厌恶理论可以成为套期保值的决定因素。如果公司的股东广泛持有多种证券的话，风险厌恶理论就不能解释套期保值的决定因素，因为广泛持有多种证券的投资者可以通过投资组合的多样化分散掉非系统风险，当市场完美时，系统风险由投资者自己承担与在市场上出售是等效的。

MM 定理也表明，在完美的市场条件下，公司的价值与财务政策是无关的，公司的价值由公司的投资政策决定。如果公司改变作为财务政策的套期保值政策，投资者可以相应地改变所持有的风险资产，以补偿公司套期保值政策的改变，使未来的财富分布不受影响，所以各利益相关人没有动机去套期保值。然而，现实中的市场是不完美的，例如，现实中有公司所得税、交易成本、信息不对称所产生的代理成本等多种摩擦，MM 定理在现实中并不成立。大多数学者也是从各种违反 MM 定理的假定情况出发，去论证非金融公司套期保值的动机。

### 4.2.1 套期保值可以减少公司税

史密斯和史图斯（1985）认为，公司税的存在可以使公司通过持有期货、远期或期权获得好处，因此，如果公司的有效边际税率是公司税前价值的增函数，那么公司的税后价值是税前价值的凹函数。在套期保值的成本不太大的情况下，如果套期保值减少了税前公司价值的波动，那么期望公司税赋将减少，同时公司的期望税后价值将增加（如图 4-1 所示）。

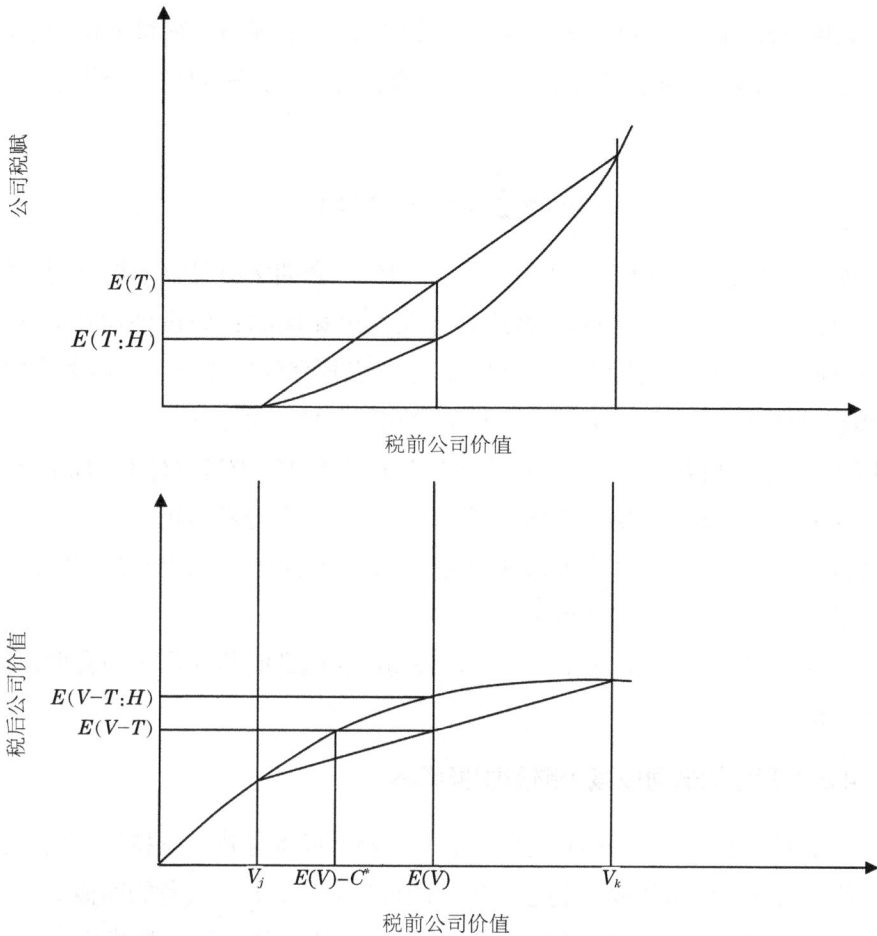

图 4-1　税后公司价值和公司税赋与税前公司价值函数关系

注：$V_j$ / $V_k$——无套期保值时在状态 $j/k$ 的公司税前价值；

　　$E$（$V$）——无套期保值时期望公司税前价值；

　　$E$（$T$）——无套期保值时期望公司税赋；

　　$E$（$T$：$H$）——无成本的完全套期保值时公司税赋；

　　$E$（$V-T$）——无套期保值时公司税后价值；

　　$E$（$V-T$：$H$）——无成本的完全套期保值时公司税后价值；

　　$C^*$——可行的套期保值的最大成本。

　　史密斯和史图斯（1985）用一个状态偏好模型来分析套期保值对公司税后现金流现值的影响。假设有 $s$ 种状态，定义 $V_i$ 是在状态 $i$ 时公司的税前价值，如果 $i<j$，那么 $V_i \leqslant V_j$，$P_i$ 是 1 美元在状态 $i$ 时的现值；如果公司的税前价值是 $V_i$，那么公司的税率是 $T(V_i)$。没有杠杆时，公司的税后价值由下式给出：

$$V(0) = \sum_{i=1}^{s} P_i[V_i - T(V_i) V_i]$$

如果有两个状态 $j$ 和 $k$，$T(V_j) < T(V_k)$，套期保值可以增加公司的价值。史密斯和史图斯（1985）是这样证明这个命题的：假设公司持有 $V_j + H_j = V_k + H_k$ 这样一个套期保值投资组合，这个套期保值投资组合是自融资的，即 $P_j H_j + P_k H_k = 0$。设 $V^H(0)$ 是套期保值公司的价值，如下所示：

$$VH(0) - V(0) = P_j[T(V_j) V_j - T(V_j + H_j)(V_j + H_j)] + P_k[T(V_k) V_k - T(V_k + H_k)(V_k + H_k)] > 0$$

这说明无成本的套期保值增加了公司价值。这个分析暗指非完全套期保值（套期保值没有完全消除未来现金流的不确定性）也可以提升公司价值。

根据以上分析，提出假设 1。

假设 1：基于价值最大化的公司，公司税收函数的凸性程度与套期保值倾向正相关。

### 4.2.2 套期保值可以减少财务困境成本

史密斯和史图斯（1985）的研究表明，破产成本导致广泛持股公司去套期保值。考虑一个对债权人利息支付后纳税的公司，$F$ 是债务的面值。如果到期时公司的价值低于 $F$，债权人收到的是 $F$ 减去破产的交易成本。相应地，股东收到的是公司价值减去税赋和对债权人的支付。通过降低公司未来价值的波动，套期保值降低了破产成本发生的概率，这个降低的破产成本使股东获利。图 4-2 说明了这一点。如果破产交易成本是公司价值的减函数，并且税率是公司价值的增函数，且公司可以无成本套期保值，期望税后公司价值减去破产成本会更高。

进一步分析，考虑一个简单的包括公司债税盾效应的模型。设 $P_i$ 为未来收到 1 美元在状态 $i$ 时的现值；$T(V_i)$ 是公司税前价值 $V_i$ 时的税率；如果没有杠杆，公司税后价值是 $V(0)$；公司发行面值 $F$ 的零息债券，并且对税前价值扣除支付给债权人的部分纳税；杠杆公司的税后价值是 $V(F)$，并且与非杠杆公司具有相同的投资政策。简单来说，假设$V_j<F<V_k$，如果$V_i<F$，破产成本是$C(V_i)\leqslant V_i$。那么，杠杆公司与非杠杆公司之间的差额是：

$$V(F)-V(0)=\sum_{i=1}^{j}P_i[T(V_i)V_i-C(V_i)]+\sum_{i=1}^{s}P_iT(V_i)F$$

$F$是没有破产时对债权人的支付，杠杆公司的价值等于非杠杆公司的价值减去破产成本的现值再加上利息支付的税盾现值，从上式可以看出，杠杆公司的价值随着期望破产成本的减少而增加。

假设没有市场力量，股东可以从债务发行中掠夺任意数量的价值，假设投资政策是固定的，发行债务的收益就像股利一样分配给股东。

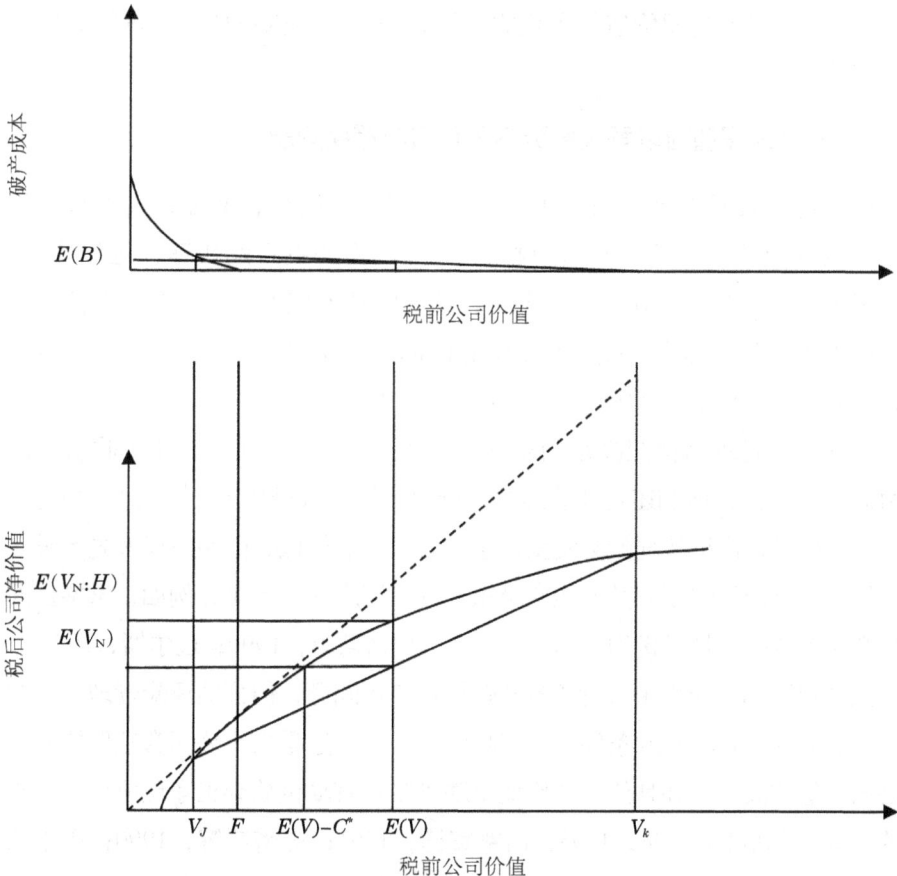

图 4-2 当存在破产成本时税后公司价值与税前公司价值函数关系

公司可以通过持有套期保值投资组合减少破产成本，这个套期保值投资组合在公司破产时会支付正的数额。考虑一个套期保值在状态 $g$ 支付 $H_g$ (<0)，在状态 $m$ 支付 $H_m$ (>0)。假设套期保值投资组合不涉及现金流（即 $P_gH_g+P_mH_m=0$），并且 $V_g+H_g>F$, $V_m+H_m>F$, $V_g<F$。设 $V^H$ ($F$) 是套期保值公司的价值，连续税率是 $T$，则：

$$V^H\ (F)\ -V\ (F)\ =P_gC\ (V_g)\ +P_gT\ (F-V_g)$$

$C\ (V_g)\ >0$, $V_g<F$, $V^H\ (F)\ -V\ (F)$ 总是正的。套期保值降低了破产成本的现值，提高了负债税盾的现值。只要破产牵涉到股东和债权人的真实成本（直接破产成本和负债税盾的损失），股东就可以从套期保值中获利。

根据以上分析，提出假设2。

假设2：基于公司价值最大化的公司，公司财务困境成本与进行套期保值正相关。

### 4.2.3 套期保值可以解决投资不足和资产置换问题

公司可以被看作是不同的相关人之间契约的结合，例如，管理者、股东、债权人及员工（詹森和迈克林，1976）。作为股东的代理人运作公司，管理者更多地参与到公司日常业务中，他们比被代理人——股东享有信息优势。如果股东和管理者不能拥有相同的目标，当通过完美合同阻止非价值最大化行为不可能时，冲突就产生了（法马，1980）。

然而即使管理者按照股东利益行动，如果接受这些项目产生的收益大部分由债权人获得，他们还是要放弃提升价值的项目（投资不足问题）。公司有很高的杠杆时，这种状况就会发生，这时公司价值很低，因为债权人先于股东得到偿付，有价值的项目并不能使股东获利。解决这个问题，例如，重签合同或协商债务合同，是昂贵的和不切实际的（史密斯等，1990；迈尔斯，1977）。

虽然可以通过减少未偿付债务减轻投资不足问题，但公司风险管理可以在不损失负债的税收收益的条件下实现相同的目标。这是由于公司套期保值减少了公司价值的波动，并且使公司价值下跌到股东有动机放弃正净现值项目的水平的可能性降低(史密斯，1995；白塞宾德，1991；史密斯等，1990；迈尔斯和史密斯，1987）。

当杠杆公司用高风险投资项目，甚至是负净现值项目代替安全投资项目（资产置换或风险变换问题）经常获利时，股东和债权人的进一步利益冲突就会发生。这个动机可以被解释为基于公司价值的股东索取权具有以负债价值作为执行价格的公司资产的看涨期权的特点（梅森和默顿，1985；默顿，1974）。期权的价值随标的资产的波动而增加，股东通过用风险资产替换安全资产提高他们的价值。

债权人将预期到这种机会主义行为，他们需要所提供资本的高收益和/或保护性契约。这两种可能性增加了减少公司价值的额外成本（史密斯和瓦尔纳，1979）。公司风险管理稳定了公司价值，因此减少了股东有很强的动机转移到风险资产的状况的发生（史密斯，1995；坎贝尔和科瑞考，1990）。如果公司致力于公司套期保值政策，代理成本就会降低。

### 4.2.4 套期保值可以协调投资与融资政策

公司水平的风险管理可以通过协调公司的投资与融资政策来提升公司价值。未来的现金流是不确定的，为增长机会融资，内部资金总是显著地变化。结果，内部资金不足以为所有正净现值的项目融资，公司被迫削减投资计划或发行外部股票或债券。

外部资本因代理冲突而代价高昂。更确切地说，债权人要把关于破产和财务困境的可能性包括在借款决策中，非零的违约可能性导致他们要求公司负债获得更高的收益。虽然这使他们从他们的投资中获得公平的价值，但提升了负债的成本而减少了公司价值（迈尔斯，1993；1984）。其他的保护债权人权益的方法包括限制关于融资和投资政策的管理决策的协议。如果他们事前去阻止管理者从事正确的投资项目，这些协议也降低了公司价值（巴特拉姆，2000）。同样，新股发行对公司价值也有负的影响，投资者会预感到估价过高时管理者发行新股的动机(阿斯奎思和马林斯，1986)。

因为外部资本成本的存在，与转向资本市场相比公司更多地是削减他们的投资费用，也就是前面所说的有利可图的投资项目。实际上，实证证据显示高现金流波动可能导致永久的投资削减（明顿和斯朗德，1999）。公司套期保值可以保证公司有足够的内部资金在没有外部融资时去为有利可图的增长机会融资，这也减少了资本市场对管理者的监控（张，2000；图法诺，1998）。

通过对 4.2.3 和 4.2.4 的分析，提出假设 3。

假设 3：基于公司价值最大化的公司，公司投资机会与进行套期保值正相关。

### 4.2.5 公司进行套期保值的其他动机

除以上基于公司价值最大化的动机之外，公司进行套期保值还有以下动机：

#### 4.2.5.1 套期保值与管理者风险偏好

假设管理者是风险厌恶的，史密斯和史图斯分析了以下三种情况：

（1）如果管理者期末财富是公司价值的凹函数，最优套期保值策略是完全套期保值。当公司完全套期保值时，管理者的期望收入是最大的，因为凹函数的随机变量函数的期望值小于随机变量期望的函数值。管理者是风险厌恶的，只有收益很高，他才会承担风险，公司完全套期保值时，管理者的期望收入最大化，他将会选择不承担风险。

（2）如果管理者期末财富是公司期末价值的凸函数，管理者的期望效用是公司期末价值的凹函数，最优套期保值策略是通过套期保值消除一部分（不是全部）的不确定性。在这种情况下，当他的收入是公司价值的凸函数，公司不套期保值时管理者的期望收入是较高的。再者，管理者是风险厌恶的，他将希望放弃一些期望收入去降低风险。管理者面对期望收入与收入的风险的权衡，他将不选择无风险的政策。

（3）如果管理者期末效用是公司期末价值的凸函数，则詹森不等式指出，当公司完全不套期保值时，管理者期末效用有较高的期望值。补偿计划的奖金和股票期权条款把管理者的期望效用变为公司价值的凸函数，甚至他的期望效用函数是期末财富的凹函数，他也表现得像个风险追求者一样。

除此之外，管理者在其所管理的公司中有一个不可分散的财富头寸，由现在和将来的收入和非货币效用补偿，包括薪酬、奖金、声誉和晋升。管理者的福利与公司业务紧密相关，管理者与股东相比，存在于公司中的财富头寸比股东更集中，且不可通过资本市场对个人账户进行风险分散，因而，管理者倾向于减少公司的风险，甚至减少到与股东价值发生冲突的水平，或者需要很高的补偿去承担高风险（迈尔斯和史密斯，1990）。套期保值可以降低管理者从事高成本的分散策略的动机，就像操作经营分散化一样（博德纳等，1997）。

除监控外，设计得当的管理者激励可以使管理者致力于股东价值。管理者激励经常与股票价格相关联，管理者股票激励程序使管理者报酬与股票价格成线性关系。管理者与股东相比更厌恶风险，因为他们的财富头寸不可分散，股票激励程序使管理者减少公司非系统风险甚至更多。相比之下，非线性激励结构，如股票期权程序，提供了比公司价值提升更大比例的收益，产生了凸的回报曲线。因此，非线性报酬可能与股票程序相反，为管理者提供了承担更多风险的激励。因此，管理者薪酬与套期保值正相关，管理者持有公司股票份额与套期保值正相关。

### 4.2.5.2 套期保值与套期保值替代物

现金和可售证券被用来覆盖财务负债，特别是短期负债，较高的短期流动性导致套期保值需求较低。出于同样原因，支付高股利的公司很少有动机套期保值，只有高流动性的公司可以致力于支付股利，这是可以被证明的。相比之下，如果公司通过支付股利耗尽流动性，他们就可能有动机套期保值。优先股和可转换债务可能约束了公司财务，产生较高的困境成本（盖茨等，1997）。他们对控制公司的代理冲突很重要，并且他们充当了公司风险管理的衍生品的替代物（南希等，1993）。因此，公司流动性、优先股份额和可转换债券与套期保值负相关，股利支付率与套期保值正相关。

### 4.2.5.3 套期保值与公司规模

在风险管理中另一个潜在的因素是风险的规模，也就是风险暴露。史密斯和史图斯（1985）展示，财务价格暴露风险导致更多的现金流或会计利润变动的公司有较大的来自套期保值的潜在获利。而且，由于规模经济，套期保值成本对于有较高财务价格暴露水平的公司可能更低。因此，具有更高的财务价格暴露水平的公司更可能去套期保值和/或套期保值它们风险暴露的更大比例。因此，公司规模与套期保值正相关。

#### 4.2.5.4 套期保值与企业性质

我国特殊的国情是国有企业众多，当国有企业发生危机时，为了维护稳定及其他需要，政府会伸出援手，避免其破产，也就是国有上市公司面临预算软约束和较低的财务困境成本，因此，国有企业套期保值倾向低。

以上所述中，套期保值减少公司税代理变量、减少财务困境成本代理变量、解决投资不足和资产置换代理变量、协调投融资决策代理变量可以检验套期保值的公司价值最大化假设，其他的诸如管理者风险偏好代理变量、替代物代理变量、公司规模代理变量和企业性质代理变量可以作为控制变量。

## 4.3 研究设计

### 4.3.1 样本选取与数据来源

本研究根据 2001 年中国证券监督管理委员会（简称"中国证监会"）发布的《中国上市公司分类指引》，选取有色金属矿采选业(B07)和有色金属冶炼及压延加工业(C67)2005—2011年在沪深交易所交易的所有A股上市公司为初始研究样本，并按以下步骤进行筛选：①剔除至2011年前退市的公司；②查阅年报中的公司业务，如不包括有色金属业务，则剔除该公司；③剔除ST公司、S公司、PT公司；④剔除当年上市或当年发生了控制权转移的样本；⑤剔除审计师出具拒绝或者否定意见的样本；⑥删除年度数据缺失的观察值。经过上述筛选过程，本研究最终共得到319个样本观察值。

本书所使用原始数据来自国泰安（CSMAR）数据库、巨潮网站（www.cninfo.com.cn）、上海证券交易所网站（www.sse.com.cn）和深圳证券交易所网站（www.szse.cn）。其中，年报来自巨潮网站（www.cninfo.com.cn）、上海证券交易所网站（www.sse.com.cn）和深圳证券交易所网站（www.szse.cn），其他数据来自国泰安（CSMAR）数据库。为了得到可用的数据，本研究对原始数据进行了必要的加工。文中的数据处理采用 Excel 2003、Stata/SE 11.0 和 SPSS Statistics 17.0 数据处理和计量分析软件完成。

### 4.3.2 变量定义

### 4.3.2.1 套期保值

确定套期保值者时，考虑到中国衍生品市场并不是很发达，上市公司对套期保值披露的信息十分有限的现状，中国上市公司套期保值数据的具体、详细信息很难获得，选择用离散性指标度量公司的套期保值。具体做法是在研究样本年报中手工搜索套期保值、套期工具、衍生品、期货和期权等关键字段，如年报中发现以上关键字段，再考察是否发生该业务，如发生该业务，并且该业务符合我国会计准则对套期保值者的界定，则确定套期保值者。当公司为套期保值者时，赋值为1，否则为0。

### 4.3.2.2 公司税收函数

史密斯和史图斯（1985）及格雷厄姆和史密斯（1999）表明凸的税收函数可以通过套期保值减少公司期望税赋。越凸的税收曲线，套期保值动机越强。导致凸的有效税收函数的因素是税法的累进和税收优惠项，如税损结转、投资税收抵减及国外税收抵减。本研究遵循利用税损结转的文献，根据我国具体情况，采用利润总额虚拟变量作为公司税收函数的代理，当公司利润总额为负时赋值为1，否则为0。

### 4.3.2.3 财务困境成本

根据理论假说，基于公司价值最大化目的的公司可以通过套期保值来减少公司陷入财务困境的可能性，从而减少财务困境成本。很多研究使用资产负债率作为公司陷入财务困境可能性的指示器去度量公司的期望财务困境成本，然而，资产负债率没能考虑公司持有的现金水平（或称负的负债）。公司现金持有水平是重要的，因为高现金持有水平的公司比低现金持有水平的公司更不易受到财务约束。因此，除原资产负债率外，还以长期资本负债率作为财务困境的代理变量。考虑到高负债比率并不必然意味着高的财务困境可能性，把利息保障倍数也作为度量财务困境的代理变量。最后，高的杠杆和低的利息保障倍数反映了高的财务困境的可能性。

### 4.3.2.4 投资不足成本和协调投融资必要性

白塞宾德（1991）推论到，由于套期保值有助于确保公司有足够的内部资金，减少了陷入财务困境的可能性，因此，套期保值公司可以有效地做出偿付债务的承诺，从而减少了投资不足，并能较低成本签订负债合同。因此，财务困境成本的代理变量也可以作为投资不足成本的代理变量，高的杠杆和低的利息保障倍数反映了高的投资不足成本。除此之外，如弗鲁特等（1993）所言，投资机会集中且有更多正净现值增长选择的公司的投资不足成本更大，因此本书还选择市净率作为投资不足和协调投融资必要性的代理变量，市净率越大，公司投资不足成本越大，越有必要协调投融资。

### 4.3.2.5 管理者风险偏好

如以上理论分析所言，管理者在其所管理的公司中有一个不可分散的财富头寸，由现在和将来的收入和非货币效用补偿，包括薪酬、奖金、声誉和晋升。由于声誉和晋升无法度量，所以我们在这里主要检验货币性财富的套期保值敏感性。首先，管理者所持有的本公司股份可以作为管理者财富的重要代理变量，使用一个虚拟变更来度量管理者持股，当管理者持有本公司股份时取值为1，否则为0。

在目前中国的上市公司中，国有企业占大多数。在国有企业中，无论是董事长还是总经理，基本上都不持股，即使持股，比率和数量也极低，对管理者基本起不到激励作用。再则，实施股权激励的企业太少，不具有统计普遍性。所以，除管理者持股变量外，还使用管理者薪酬的自然对数来度量管理者在公司中的财富。高的管理者持股和高的管理者薪酬意味着管理者较为厌恶风险。

### 4.3.2.6 其他变量

本书使用现金比率和股利虚拟变量（本期有现金分红为1，否则为0）作为套期保值替代物的代理变量。同时，由于衍生品交易具有规模效益，交易的量越大，单位交易成本越低。规模大的企业风险暴露的头寸比规模小的企业要大，在套期保值过程中所需交易的衍生品的交易规模也大，因此，规模大的企业在套期保值上比小企业拥有更低的单位成本，更有优势。我们使用营业总收入对数来度量企业规模。最后，使用虚拟变量来度量是否是国有企业，国有企业赋值1，否则为0。

各变量的具体定义和计算参见表4-1。

**表 4-1 套期保值动机分析变量定义及计量**

| 变量类型 | 变量名称 | 变量符号 | 变量定义或计算方法 |
|---|---|---|---|
| 被解释变量 | 套期保值虚拟变量 | H | 套期保值者为 1，否则为 0 |
| 解释变量 | 利润总额虚拟变量 | Tloss | 公司本年度利润总额为负时赋值为 1，否则等于 0 |
| | 长期资本负债率 | LongLev | 长期资本负债率=非流动负债/（非流动负债+股东权益） |
| | 资产负债率 | Lev | 资产负债率=负债总额/资产总额 |
| | 利息保障倍数 | TIC | 利息保障倍数=（净利润+所得税+财务费用）/财务费用 |
| | 市净率 | PB | 市净率=每股市价/普通股每股净资产 |
| 控制变量 | 管理者持股虚拟变量 | MS | 管理者持有本公司股份为 1，否则为 0 |
| | 管理者薪酬 | MC | 管理者薪酬对数 |
| | 股利发放虚拟变量 | Divd | 公司本年度发放股利为 1，否则为 0 |
| | 现金比率 | CaR | 现金比率=现金及现金等价物期末余额/流动负债 |
| | 规模变量 | Lnincome | 营业总收入对数 |
| | 所有制形式虚拟变量 | Soe | 国有及国有控股为 1，否则为 0 |

### 4.3.3 模型设计

为检验以上假设，构建如下 logit 模型，对有色金属行业上市公司套期保值与基于公司价值最大化的各决定因素的相关性进行分析：

$$\log\frac{P_{it}}{1-P_{it}}=\beta_0+\beta_1\mathrm{Tax}_{it}+\beta_2\mathrm{FD}_{it}+\beta_3\mathrm{UC}_{it}+\beta_4\mathrm{MW}_{it}+\beta_5\mathrm{Sub}_{it}+\beta_6\mathrm{TCosts}_{it}+\beta_7\mathrm{SOE}_{it}+e_{it}$$

式中：Tax 是税收函数的凸性度量变量，用于检验假设 1；FD 是财务困境度量变量，用于检验假设 2；UC 是投资不足成本度量变量，用于检验假设 3；MW 是管理者在企业中持有财富度量变量；Sub 是套期保值替代物度量变量；TCosts 是交易成本规模经济度量变量；SOE 是所有制度量变量。

## 4.4 实证结果

### 4.4.1 描述性统计

表 4-2 对 2005—2011 年有色金属行业上市公司套期保值的基本情况进行了描述。总样本数 319 个，其中，套期保值样本数 183 个，非套期保值者样本数 136 个。其具体分布如表 4-2 所示。从表中可以看出，套期保值公司的绝对数量是逐年递增的，套期保值公司占全部公司的比重前 4 年逐年递增，到 2008 年后稳定在 60% 多一点。

表 4-2　套期保值公司统计

| 年 | 2005 | 2006 | 2007 | 2008 | 2009 | 2010 | 2011 | 2005—2011 |
|---|---|---|---|---|---|---|---|---|
| Obs | 30 | 33 | 43 | 46 | 50 | 57 | 60 | 319 |
| N(%) | 14(47) | 16(48%) | 23(53) | 28(61%) | 31(62%) | 34(60%) | 37(61%) | 183 |

注：Obs 为各年度样本量；N(%) 为套期保值者个数及在样本中所占比重。

如表 4-3 所示，首先把全部样本分为处理组和对照组，进行套期保值的样本确定为处理组数据，不进行套期保值的样本确定为对照组数据，然后对全部样本、处理组和对照组各相关主要变量进行了简单的描述性统计。总的来说，一共有大概 57% 的样本进行套期保值，对于是否亏损这个变量来说，套期保值者与非套期保值者之间没有明显区别。初步看来基于公司价值最大化的减少所得税支出并不是进行套期保值的动机，这可能是因为上市公司样本规模都比较大，很少有经常在赢利亏损之间变动的样本，再则我国实行的是单一公司所得税，所以上市公司的税收函数没有向下凸的区间，也就没有必要在各种状态之间平滑利润来减少期望所得税了。还有一点，也是本书的观点，就是管理者进行套期保值的动机不是从公司价值最大化角度出发的，而是为自身的利益考虑，为公司节税的动机远远不及为自身利益考虑的动机强。所以，即使公司税收函数是凸的，也有可能不进行套期保值。套期保值者的资产负债率和长期资本负债率明显高于非套期保值者的资产负债率和长期资本负债率，这符合套期保值可以减少财务困境成本的假设。但是检验财务困境成本假设的利息保障倍数得出了反假设的结果。基于公司价值最大化的套期保值理论，利息保障倍数低的公司更有可能陷入财务困境，因此更需要进行套期保值。简单的统计结果并没有支持理论，这说明公司进行套期保值的动机并不是公司价值最大化。同时，低的利息保障和高的市净率需要用套期保值来减少投资不足成本、协调投融资，但我们的统计结果却相反，统计结果是低的市净率公司在进行套期保值，也没有验证我们的协调投融资和减少投资不足成本假设。套期保值公司与非套期保值公司的管理者持股没有区别，这可能是我国上市公司大都是国有企业，管理者持股很少或没有持股，基本起不到激励作用所致。同时，度量管理者风险态度的薪酬得到了期望的结果，即管理者的薪酬越高，越可能进行套期保值，以分散自己在企业中财富的风险。套期保值替代物假设的度量变量——股利发放虚拟变量和现金比率得到了与假设一致的结论，但这并不是基于价值最大化理论。结果也显示，公司规模越大，越可能进行套期保值，这虽然与理论一致，但这不能说明管理者进行套期保值的动机是公司价值最大化。因为，根据我国相关的规定，只有满足一定规模条件的公司才被允许进行境外衍生品交易，这说明小的公司即使有再低的衍生品交易单位成本也被排除在衍生品交易的大门之外，只有规模大的公司才能进行基于衍生品交易的套期保值，所以统计结果自然显示规模大的公司更可能进行套期保值。最后，结果也显示非国有企业更多地进行套期保值。总之，简单的描述性统计结果没有得出公司基于公司价值最大化进行套期保值的假设，为了得到更准确的结果，需要进一步进行检验。

表 4-3 套期保值动机样本描述性统计

| | | 样本数 | | 均值 | 均值的标准误 | 中值 | 标准差 | 全距 | 极小值 | 极大值 |
| --- | --- | --- | --- | --- | --- | --- | --- | --- | --- | --- |
| | | 有效 | 缺失 | | | | | | | |
| H | 全样本 | 319 | 0 | 0.57 | 0.028 | 1 | 0.495 | 1 | 0 | 1 |
| | 处理组 | 183 | 0 | 1 | 0 | 1 | 0 | 0 | 1 | 1 |
| | 对照组 | 136 | 0 | 0 | 0 | 0 | 0 | 0 | 0 | 0 |
| Tloss | 全样本 | 319 | 0 | 0.1 | 0.017 | 0 | 0.305 | 1 | 0 | 1 |
| | 处理组 | 183 | 0 | 0.1 | 0.023 | 0 | 0.306 | 1 | 0 | 1 |
| | 对照组 | 136 | 0 | 0.1 | 0.026 | 0 | 0.305 | 1 | 0 | 1 |

| | | 样本数 | | 均值 | 均值的标准误 | 中值 | 标准差 | 全距 | 极小值 | 极大值 |
| | | 有效 | 缺失 | | | | | | | |
|---|---|---|---|---|---|---|---|---|---|---|
| Lev | 全样本 | 319 | 0 | 0.529 6 | 0.012 0 | 0.547 3 | 0.215 5 | 1.208 6 | 0.014 7 | 1.223 4 |
| | 处理组 | 183 | 0 | 0.556 1 | 0.014 0 | 0.554 9 | 0.189 7 | 1.123 0 | 0.100 4 | 1.223 4 |
| | 对照组 | 136 | 0 | 0.494 1 | 0.020 7 | 0.510 0 | 0.242 2 | 1.143 3 | 0.014 7 | 1.158 1 |
| Long-Lev | 全样本 | 316 | 3 | 0.292 7 | 0.080 0 | 0.163 3 | 1.422 1 | 24.850 5 | 0 | 24.850 5 |
| | 处理组 | 181 | 2 | 0.375 8 | 0.138 8 | 0.189 4 | 1.867 9 | 24.850 5 | 0 | 24.850 5 |
| | 对照组 | 135 | 1 | 0.181 4 | 0.018 3 | 0.122 2 | 0.213 2 | 1.518 9 | 0 | 1.518 9 |
| TIC | 全样本 | 297 | 22 | 12.085 9 | 2.652 8 | 4.153 1 | 45.718 7 | 723.318 9 | -8.240 3 | 715.078 6 |
| | 处理组 | 174 | 9 | 13.302 3 | 4.428 9 | 3.443 2 | 58.421 3 | 719.841 8 | -4.763 2 | 715.078 6 |
| | 对照组 | 123 | 13 | 10.365 2 | 1.356 6 | 5.523 6 | 15.046 4 | 97.043 9 | -8.240 3 | 88.803 6 |
| PB | 全样本 | 312 | 7 | 9.959 6 | 3.003 5 | 3.919 8 | 53.053 7 | 800.340 9 | -152.800 0 | 647.540 9 |
| | 处理组 | 180 | 3 | 3.262 6 | 1.074 7 | 3.573 5 | 14.419 8 | 189.527 2 | -152.800 0 | 36.727 2 |
| | 对照组 | 132 | 4 | 19.091 9 | 6.882 3 | 4.318 3 | 79.072 4 | 770.258 3 | -122.717 | 647.540 9 |
| MS | 全样本 | 317 | 2 | 0.290 0 | 0.025 0 | 0 | 0.453 0 | 1 | 0 | 1 |
| | 处理组 | 182 | 1 | 0.290 0 | 0.034 0 | 0 | 0.453 0 | 1 | 0 | 1 |
| | 对照组 | 135 | 1 | 0.290 0 | 0.039 0 | 0 | 0.455 0 | 1 | 0 | 1 |
| MC | 全样本 | 319 | 0 | 3.491 3 | 0.050 6 | 3.555 3 | 0.904 9 | 10.211 9 | -4.268 6 | 5.943 2 |
| | 处理组 | 183 | 0 | 3.584 7 | 0.057 4 | 3.555 3 | 0.776 8 | 4.118 6 | 1.824 5 | 5.943 2 |
| | 对照组 | 136 | 0 | 3.365 7 | 0.089 4 | 3.540 0 | 1.042 9 | 9.617 0 | -4.268 6 | 5.348 3 |
| Divd | 全样本 | 271 | 48 | 0.810 0 | 0.024 0 | 1 | 0.395 | 1 | 0 | 1 |
| | 处理组 | 160 | 23 | 0.840 0 | 0.029 0 | 1 | 0.364 | 1 | 0 | 1 |
| | 对照组 | 111 | 25 | 0.760 0 | 0.041 0 | 1 | 0.431 | 1 | 0 | 1 |
| CaR | 全样本 | 319 | 0 | 1.053 3 | 0.210 3 | 0.300 4 | 3.756 2 | 49.973 3 | 0 | 49.973 3 |
| | 处理组 | 183 | 0 | 0.528 3 | 0.062 0 | 0.273 9 | 0.839 5 | 6.330 6 | 0 | 6.330 6 |
| | 对照组 | 136 | 0 | 1.759 8 | 0.480 5 | 0.327 5 | 5.604 4 | 49.970 4 | 0.002 8 | 49.973 3 |
| Lnin-come | 全样本 | 319 | 0 | 21.915 5 | 0.076 9 | 21.958 3 | 1.374 1 | 8.419 6 | 17.286 3 | 25.706 0 |
| | 处理组 | 183 | 0 | 22.271 5 | 0.102 6 | 22.296 7 | 1.388 7 | 6.838 5 | 18.867 4 | 25.706 0 |
| | 对照组 | 136 | 0 | 21.436 4 | 0.103 0 | 21.539 2 | 1.202 0 | 6.937 7 | 17.286 3 | 24.224 1 |
| Soe | 全样本 | 319 | 0 | 0.610 0 | 0.027 0 | 1 | 0.490 0 | 1 | 0 | 1 |
| | 处理组 | 183 | 0 | 0.540 0 | 0.037 0 | 1 | 0.500 0 | 1 | 0 | 1 |
| | 对照组 | 136 | 0 | 0.700 0 | 0.039 0 | 1 | 0.461 0 | 1 | 0 | 1 |

### 4.4.2 单变量分析

表4-4至表4-14报告了套期保值与各主要变量之间的列联表分析结果。首先计算各变量的均值，然后用各样本变量值减去样本变量均值，再把得到的差值分为两组，如差值为正赋值为1，如差值为负赋值为0。对于

Tloss，等于 0 代表赢利组，等于 1 代表亏损组；对于 Lev，等于 0 代表高杠杆组，等于 1 代表低杠杆组；对于 LongLev，等于 0 代表高杠杆组，等于 1 代表低杠杆组；对于 TIC，等于 0 代表高利息保障倍数组，等于 1 代表低利息保障倍数组；对于 PB，等于 0 代表高市净率组，等于 1 代表低市净率组；对于 MS，等于 0 代表管理者未持股组，等于 1 代表管理者持股组；对于 MC，等于 0 代表高薪组，等于 1 代表低薪组；对于 Divd，等于 0 代表未发放股利组，等于 1 代表发放股利组；对于 CaR，等于 0 代表高现金比率组，等于 1 代表低现金比率组；对于 Lnincome，等于 0 代表大规模公司组，等于 1 代表小规模公司组；对于 Soe，等于 0 代表非国有企业组，等于 1 代表国有企业组。

从套期保值与各变量的列联表中可以看出，亏损的样本有 33 个，其中亏损并且套期保值的样本占套期保值样本总数的比例是 10.4%，亏损并且未套期保值的样本占未套期保值样本总数的比例是 10.3%，亏损样本是否进行套期保值并没有明显差别。属于高杠杆的样本 177 个（长期资本杠杆是 77 个），其中高杠杆并且套期保值的样本占套期保值样本总数的比例是 57.4%（长期资本杠杆是 27.3%），高杠杆并且未套期保值样本占未套期保值样本总数的比例是 48.5%（长期资本杠杆是 19.9%），高杠杆样本比低杠杆套期保值更多。低利息保障倍数样本 256 个，其中低利息保障倍数并且套期保值的样本占套期保值样本总数的比例是 83.1%，低利息保障倍数并且未套期保值的样本占未套期保值样本总数的比例是 76.5%，低利息保障倍数样本更多地进行了套期保值。从杠杆率、长期杠杆率和利息保障倍数三个变量来看，似乎是验证了套期保值可以减少财务困境成本的假设，具体的真实情况还要进一步检验。高市净率样本共 40 个，其中，高市净率并且套期保值样本占套期保值样本总数的比例是 32.5%，高市净率并且未套期保值样本占未套期保值样本总数的比例是 67.5%，高市净率而未套期保值样本比例明显大于套期保值样本比例。管理者持股样本 91 个，其中，管理者持股并且套期保值样本占套期保值样本比例是 28.6%，管理者持股并且未套期保值样本占未套期保值样本比例是 28.9%，管理者是否持股没有明显区别。高管理者薪酬样本 168 个，其中，高管理者薪酬并且套期保值样本占套期保值样本比例是

48.1%，高管理者薪酬并且未套期保值样本占未套期保值样本比例是 46.3%，高管理者薪酬样本进行套期保值的比例高于未套期保值样本比例。发放股利样本 219 个，其中，发放股利并且套期保值样本占套期保值样本比例 84.4%，发放股利并且未套期保值样本占未套期保值样本比例 75.7%，发放股利样本进行套期保值的样本比例明显高于未套期保值样本比例。低现金比率样本 276 个，其中，低现金比率并且套期保值样本占套期保值样本比例 88.0%，低现金比率并且未套期保值样本占未套期保值样本比例 84.6%，低现金比率样本进行套期保值的比例高于未进行套期保值比例。大规模样本 160 个，其中，大规模并且套期保值样本占套期保值样本比例 69.4%，大规模并且未套期保值样本占未套期保值样本比例 30.6%，大规模样本进行套期保值比例明显高于未进行套期保值比例。非国有企业样本 126 个，其中，非国有企业并且套期保值样本占套期保值样本比例 46.4%，非国有企业并且未套期保值样本占未套期保值样本比例 30.1%。

以上分析部分地验证了所提出的假设，无法得出公司基于公司价值最大化动机而进行套期保值的一致结论。因为根据理论分析部分所言，基于公司价值最大化进行的套期保值是要根据公司的具体特征来决定是否进行套期保值的。通过对以上具体度量公司特征的变量进行分析可知，基于公司价值最大化，有可能在某些情况下公司应该进行套期保值，但公司并没有进行套期保值，也有可能在不应该进行套期保值的情况下公司却进行了套期保值，所以，还需要进一步的检验。

表 4-4　套期保值与利润总额列联表

| | | | H | | 合计 |
|---|---|---|---|---|---|
| | | | 0 | 1 | |
| Tloss | 0 | 计数 | 122 | 164 | 286 |
| | | Tloss 中的 % | 42.7% | 57.3% | 100.0% |
| | | H 中的 % | 89.7% | 89.6% | 89.7% |
| | | 总数的 % | 38.2% | 51.4% | 89.7% |
| | 1 | 计数 | 14 | 19 | 33 |
| | | Tloss 中的 % | 42.4% | 57.6% | 100.0% |
| | | H 中的 % | 10.3% | 10.4% | 10.3% |
| | | 总数的 % | 4.4% | 6.0% | 10.3% |
| 合计 | | 计数 | 136 | 183 | 319 |
| | | Tloss 中的 % | 42.6% | 57.4% | 100.0% |
| | | H 中的 % | 100.0% | 100.0% | 100.0% |
| | | 总数的 % | 42.6% | 57.4% | 100.0% |

表 4-5 套期保值与资产负债表列联表

| | | | H | | 合计 |
|---|---|---|---|---|---|
| | | | 0 | 1 | |
| Lev | 0 | 计数 | 66 | 105 | 171 |
| | | Lev 中的 % | 38.6% | 61.4% | 100.0% |
| | | H 中的 % | 48.5% | 57.4% | 53.6% |
| | | 总数的 % | 20.7% | 32.9% | 53.6% |
| | 1 | 计数 | 70 | 78 | 148 |
| | | Lev 中的 % | 47.3% | 52.7% | 100.0% |
| | | H 中的 % | 51.5% | 42.6% | 46.4% |
| | | 总数的 % | 21.9% | 24.5% | 46.4% |
| 合计 | | 计数 | 136 | 183 | 319 |
| | | Lev 中的 % | 42.6% | 57.4% | 100.0% |
| | | H 中的 % | 100.0% | 100.0% | 100.0% |
| | | 总数的 % | 42.6% | 57.4% | 100.0% |

表 4-6 套期保值与长期资本负债率列联表

| | | | H | | 合计 |
|---|---|---|---|---|---|
| | | | 0 | 1 | |
| LongLev | 0 | 计数 | 27 | 50 | 77 |
| | | LongLev 中的 % | 35.1% | 64.9% | 100.0% |
| | | H 中的 % | 19.9% | 27.3% | 24.1% |
| | | 总数的 % | 8.5% | 15.7% | 24.1% |
| | 1 | 计数 | 109 | 133 | 242 |
| | | LongLev 中的 % | 45.0% | 55.0% | 100.0% |
| | | H 中的 % | 80.1% | 72.7% | 75.9% |
| | | 总数的 % | 34.2% | 41.7% | 75.9% |
| 合计 | | 计数 | 136 | 183 | 319 |
| | | LongLev 中的 % | 42.6% | 57.4% | 100.0% |
| | | H 中的 % | 100.0% | 100.0% | 100.0% |
| | | 总数的 % | 42.6% | 57.4% | 100.0% |

表 4-7　套期保值与利息保障倍数列联表

| | | | H | | 合计 |
|---|---|---|---|---|---|
| | | | 0 | 1 | |
| TIC | 0 | 计数 | 32 | 31 | 63 |
| | | TIC 中的 % | 50.8% | 49.2% | 100.0% |
| | | H 中的 % | 23.5% | 16.9% | 19.7% |
| | | 总数的 % | 10.0% | 9.7% | 19.7% |
| | 1 | 计数 | 104 | 152 | 256 |
| | | TIC 中的 % | 40.6% | 59.4% | 100.0% |
| | | H 中的 % | 76.5% | 83.1% | 80.3% |
| | | 总数的 % | 32.6% | 47.6% | 80.3% |
| 合计 | | 计数 | 136 | 183 | 319 |
| | | TIC 中的 % | 42.6% | 57.4% | 100.0% |
| | | H 中的 % | 100.0% | 100.0% | 100.0% |
| | | 总数的 % | 42.6% | 57.4% | 100.0% |

表 4-8　套期保值与市净率列联表

| | | | H | | 合计 |
|---|---|---|---|---|---|
| | | | 0 | 1 | |
| PB | 0 | 计数 | 27 | 13 | 40 |
| | | PB 中的 % | 67.5% | 32.5% | 100.0% |
| | | H 中的 % | 19.9% | 7.1% | 12.5% |
| | | 总数的 % | 8.5% | 4.1% | 12.5% |
| | 1 | 计数 | 109 | 170 | 279 |
| | | PB 中的 % | 39.1% | 60.9% | 100.0% |
| | | H 中的 % | 80.1% | 92.9% | 87.5% |
| | | 总数的 % | 34.2% | 53.3% | 87.5% |
| 合计 | | 计数 | 136 | 183 | 319 |
| | | PB 中的 % | 42.6% | 57.4% | 100.0% |
| | | H 中的 % | 100.0% | 100.0% | 100.0% |
| | | 总数的 % | 42.6% | 57.4% | 100.0% |

表 4-9  套期保值与管理者持股列联表

| | | | | H | | 合计 |
|---|---|---|---|---|---|---|
| | | | | 0 | 1 | |
| MS | 0 | | 计数 | 96 | 130 | 226 |
| | | | MS 中的 % | 42.5% | 57.5% | 100.0% |
| | | | H 中的 % | 71.1% | 71.4% | 71.3% |
| | | | 总数的 % | 30.3% | 41.0% | 71.3% |
| | 1 | | 计数 | 39 | 52 | 91 |
| | | | MS 中的 % | 42.9% | 57.1% | 100.0% |
| | | | H 中的 % | 28.9% | 28.6% | 28.7% |
| | | | 总数的 % | 12.3% | 16.4% | 28.7% |
| 合计 | | | 计数 | 135 | 182 | 317 |
| | | | MS 中的 % | 42.6% | 57.4% | 100.0% |
| | | | H 中的 % | 100.0% | 100.0% | 100.0% |
| | | | 总数的 % | 42.6% | 57.4% | 100.0% |

表 4-10  套期保值与管理者薪酬列联表

| | | | | H | | 合计 |
|---|---|---|---|---|---|---|
| | | | | 0 | 1 | |
| MC | 0 | | 计数 | 73 | 95 | 168 |
| | | | MC 中的 % | 43.5% | 56.5% | 100.0% |
| | | | H 中的 % | 53.7% | 51.9% | 52.7% |
| | | | 总数的 % | 22.9% | 29.8% | 52.7% |
| | 1 | | 计数 | 63 | 88 | 151 |
| | | | MC 中的 % | 41.7% | 58.3% | 100.0% |
| | | | H 中的 % | 46.3% | 48.1% | 47.3% |
| | | | 总数的 % | 19.7% | 27.6% | 47.3% |
| 合计 | | | 计数 | 136 | 183 | 319 |
| | | | MC 中的 % | 42.6% | 57.4% | 100.0% |
| | | | H 中的 % | 100.0% | 100.0% | 100.0% |
| | | | 总数的 % | 42.6% | 57.4% | 100.0% |

表 4-11　套期保值与股利发放列联表

| | | | H | | 合计 |
|---|---|---|---|---|---|
| | | | 0 | 1 | |
| Divd | 0 | 计数 | 27 | 25 | 52 |
| | | Divd 中的 % | 51.9% | 48.1% | 100.0% |
| | | H 中的 % | 24.3% | 15.6% | 19.2% |
| | | 总数的 % | 10.0% | 9.2% | 19.2% |
| | 1 | 计数 | 84 | 135 | 219 |
| | | Divd 中的 % | 38.4% | 61.6% | 100.0% |
| | | H 中的 % | 75.7% | 84.4% | 80.8% |
| | | 总数的 % | 31.0% | 49.8% | 80.8% |
| 合计 | | 计数 | 111 | 160 | 271 |
| | | Divd 中的 % | 41.0% | 59.0% | 100.0% |
| | | H 中的 % | 100.0% | 100.0% | 100.0% |
| | | 总数的 % | 41.0% | 59.0% | 100.0% |

表 4-12 套期保值与现金比率列联表

| | | | H | | 合计 |
|---|---|---|---|---|---|
| | | | 0 | 1 | |
| CaR | 0 | 计数 | 21 | 22 | 43 |
| | | CaR 中的 % | 48.8% | 51.2% | 100.0% |
| | | H 中的 % | 15.4% | 12.0% | 13.5% |
| | | 总数的 % | 6.6% | 6.9% | 13.5% |
| | 1 | 计数 | 115 | 161 | 276 |
| | | CaR 中的 % | 41.7% | 58.3% | 100.0% |
| | | H 中的 % | 84.6% | 88.0% | 86.5% |
| | | 总数的 % | 36.1% | 50.5% | 86.5% |
| 合计 | | 计数 | 136 | 183 | 319 |
| | | CaR 中的 % | 42.6% | 57.4% | 100.0% |
| | | H 中的 % | 100.0% | 100.0% | 100.0% |
| | | 总数的 % | 42.6% | 57.4% | 100.0% |

表 4-13  套期保值与营业收入列联表

| | | | H | | 合计 |
|---|---|---|---|---|---|
| | | | 0 | 1 | |
| Lnin-come | 0 | 计数 | 49 | 111 | 160 |
| | | Lnincome 中的 % | 30.6% | 69.4% | 100.0% |
| | | H 中的 % | 36.0% | 60.7% | 50.2% |
| | | 总数的 % | 15.4% | 34.8% | 50.2% |
| | 1 | 计数 | 87 | 72 | 159 |
| | | Lnincome 中的 % | 54.7% | 45.3% | 100.0% |
| | | H 中的 % | 64.0% | 39.3% | 49.8% |
| | | 总数的 % | 27.3% | 22.6% | 49.8% |
| 合计 | | 计数 | 136 | 183 | 319 |
| | | Lnincome 中的 % | 42.6% | 57.4% | 100.0% |
| | | H 中的 % | 100.0% | 100.0% | 100.0% |
| | | 总数的 % | 42.6% | 57.4% | 100.0% |

表 4-14 套期保值与公司性质列联表

| | | | H | | 合计 |
|---|---|---|---|---|---|
| | | | 0 | 1 | |
| Soe | 0 | 计数 | 41 | 85 | 126 |
| | | Soe 中的 % | 32.5% | 67.5% | 100.0% |
| | | H 中的 % | 30.1% | 46.4% | 39.5% |
| | | 总数的 % | 12.9% | 26.6% | 39.5% |
| | 1 | 计数 | 95 | 98 | 193 |
| | | Soe 中的 % | 49.2% | 50.8% | 100.0% |
| | | H 中的 % | 69.9% | 53.6% | 60.5% |
| | | 总数的 % | 29.8% | 30.7% | 60.5% |
| 合计 | | 计数 | 136 | 183 | 319 |
| | | Soe 中的 % | 42.6% | 57.4% | 100.0% |
| | | H 中的 % | 100.0% | 100.0% | 100.0% |
| | | 总数的 % | 42.6% | 57.4% | 100.0% |

### 4.4.3 回归分析

在单变量分析中，仅采用虚拟变量分组的方式区分公司特征的不同，难以细致地观察公司特征具有的不同传导机制，同时也无法控制其他因素可能产生的影响。因此，具体关联程度如何以及更加可靠地验证则有待做进一步的回归分析。

#### 4.4.3.1 解释变量之间的相关性

从表 4-15 中可以看出，解释变量的两两相关系数均没有超过 0.5，说明本书的模型不存在多重共线性问题，因此，可以开展进一步的回归分析。

表 4-15　解释变量相关性分析

| | | Tloss | Lev | Lon-gLev | TIC | PB | MS | MC | Divd | CaR | Lnin-come | Soe |
|---|---|---|---|---|---|---|---|---|---|---|---|---|
| Tloss | Pearson 相关性 | 1 | 0.353** | 0.204** | −0.107 | 0.076 | −0.034 | −0.217** | −0.356** | −0.075 | −0.128* | 0.064 |
| | 显著性（双侧） | | 0 | 0 | 0.065 | 0.178 | 0.551 | 0 | 0 | 0.183 | 0.022 | 0.255 |
| | N | 319 | 319 | 316 | 297 | 312 | 317 | 319 | 271 | 319 | 319 | 319 |
| Lev | Pearson 相关性 | 0.353** | 1 | 0.245** | −0.143* | 0.186** | −0.029 | −0.114* | −0.240** | −0.434** | 0.046 | 0.062 |
| | 显著性（双侧） | 0 | | 0 | 0.014 | 0.001 | 0.609 | 0.042 | 0 | 0 | 0.411 | 0.268 |
| | N | 319 | 319 | 316 | 297 | 312 | 317 | 319 | 271 | 319 | 319 | 319 |
| Lon-gLev | Pearson 相关性 | 0.204** | 0.245** | 1 | −0.027 | −0.107 | −0.063 | 0.021 | −0.152* | −0.043 | −0.054 | −0.070 |
| | 显著性（双侧） | 0 | 0 | | 0.641 | 0.060 | 0.265 | 0.713 | 0.012 | 0.446 | 0.334 | 0.216 |
| | N | 316 | 316 | 316 | 295 | 309 | 314 | 316 | 269 | 316 | 316 | 316 |
| TIC | Pearson 相关性 | −0.107 | −0.143* | −0.027 | 1 | −0.013 | 0.087 | 0.042 | 0.056 | 0.114 | 0.024 | −0.103 |
| | 显著性（双侧） | 0.065 | 0.014 | 0.641 | | 0.822 | 0.138 | 0.472 | 0.380 | 0.050 | 0.679 | 0.075 |
| | N | 297 | 297 | 295 | 297 | 290 | 295 | 297 | 252 | 297 | 297 | 297 |
| PB | Pearson 相关性 | 0.076 | 0.186** | −0.107 | −0.013 | 1 | −0.060 | −0.138* | −0.200** | −0.026 | −0.060 | 0.124* |
| | 显著性（双侧） | 0.178 | 0.001 | 0.060 | 0.822 | | 0.289 | 0.014 | 0.001 | 0.651 | 0.290 | 0.028 |
| | N | 312 | 312 | 309 | 290 | 312 | 310 | 312 | 271 | 312 | 312 | 312 |
| MS | Pearson 相关性 | −0.034 | −0.029 | −0.063 | 0.087 | −0.060 | 1 | 0.102 | 0.003 | −0.074 | 0.082 | −0.263** |
| | 显著性（双侧） | 0.551 | 0.609 | 0.265 | 0.138 | 0.289 | | 0.071 | 0.955 | 0.192 | 0.147 | 0 |
| | N | 317 | 317 | 314 | 295 | 310 | 317 | 317 | 269 | 317 | 317 | 317 |
| MC | Pearson 相关性 | −0.217* | −0.114* | 0.021 | 0.042 | −0.138* | 0.102 | 1 | 0.278** | 0.022 | 0.356** | 0.019 |
| | 显著性（双侧） | 0 | 0.042 | 0.713 | 0.472 | 0.014 | 0.071 | | 0 | 0.690 | 0 | 0.736 |
| | N | 319 | 319 | 316 | 297 | 312 | 317 | 319 | 271 | 319 | 319 | 319 |

(续表)

|  |  | Tloss | Lev | Lon-gLev | TIC | PB | MS | MC | Divd | CaR | Lnin-come | Soe |
|---|---|---|---|---|---|---|---|---|---|---|---|---|
| Divd | Pearson 相关性 | -0.356** | -0.240** | -0.152* | 0.056 | -0.2** | 0.003 | 0.278** | 1 | -0.044 | 0.256** | 0.113 |
|  | 显著性（双侧） | 0 | 0 | 0.012 | 0.380 | 0.001 | 0.955 | 0 |  | 0.469 | 0 | 0.064 |
|  | N | 271 | 271 | 269 | 252 | 271 | 269 | 271 | 271 | 271 | 271 | 271 |
| CaR | Pearson 相关性 | -0.075 | -0.434** | -0.043 | 0.114 | -0.026 | -0.074 | 0.022 | -0.044 | 1 | -0.217** | -0.076 |
|  | 显著性（双侧） | 0.183 | 0 | 0.446 | 0.050 | 0.651 | 0.192 | 0.690 | 0.469 |  | 0 | 0.176 |
|  | N | 319 | 319 | 316 | 297 | 312 | 317 | 319 | 271 | 319 | 319 | 319 |
| Lnincome | Pearson 相关性 | -0.128* | 0.046 | -0.054 | 0.024 | -0.060 | 0.082 | 0.356** | 0.256** | -0.217** | 1 | 0.347** |
|  | 显著性（双侧） | 0.022 | 0.411 | 0.334 | 0.679 | 0.290 | 0.147 | 0 | 0 | 0 |  | 0 |
|  | N | 319 | 319 | 316 | 297 | 312 | 317 | 319 | 271 | 319 | 319 | 319 |
| Soe | Pearson 相关性 | 0.064 | 0.062 | -0.070 | -0.103 | 0.124* | -0.263** | 0.019 | 0.113 | -0.076 | 0.347** | 1 |
|  | 显著性（双侧） | 0.255 | 0.268 | 0.216 | 0.075 | 0.028 | 0 | 0.736 | 0.064 | 0.176 | 0 |  |
|  | N | 319 | 319 | 316 | 297 | 312 | 317 | 319 | 271 | 319 | 319 | 319 |

注: * 在 0.05 水平（双侧）上显著相关；** 在 0.01 水平（双侧）上显著相关。

#### 4.4.3.2 基本回归结果

表 4-16 报告了检验套期保值动机的 Logistic 回归结果。模型（1）检验了假设 1，在 10%水平上结果并不显著，所以假设 1 并不成立，即对于我国公司来说，公司税收函数的凸性程度与套期保值倾向并不相关，或者我国公司税收函数并不是凸性的。模型（2）检验了假设 2，从结果可以看出，度量财务困境的三个变量与套期保值的相关性均不显著，假设 2 未通过检验，财务困境成本并不是套期保值的决定因素，或者说，公司进行套期保值并不是因为财务困境成本高，通过套期保值减少财务困境成本，进而提升公司价值，具体原因有待以后章节详细考察。模型（3）检验了假设 3，如果市净

率指标较高，说明公司有更多更好的投资机会，为了保护这些投资机会，使公司有资金开展这些项目，公司应该进行套期保值，防止外部冲击对公司现金流造成负面影响，所以，如果公司是为了保护这些投资而进行的套期保值，那么市净率指标应该与套期保值正相关，但检验的结果却是市净率与套期保值显著负相关，所以可以推测，公司套期保值的目的不是为了保护投资机会，提升公司价值。从模型（4）的结果可以看出，管理者持股变量与套期保值之间的相关性不显著，由于我国企业管理者持股不普遍，同时持股数量比例也很低，管理者持股往往起不到激励作用；管理者报酬变量与套期保值显著正相关，管理者在企业中的财富除了在职消费，就是货币性报酬了，它在管理者的财富中占有较大比重，对管理者的激励作用明显，管理者为了保护自己的报酬不受外部冲击影响，有动机花公司的钱为自己进行套期保值，管理者报酬越高，这种倾向越大，这验证了我们的理论分析。模型（5）的结果显示股利发放变量与套期保值在10%的水平上显著正相关，即公司越发放股利，越可能进行套期保值，现金比率变量与套期保值在5%的水平上显著负相关，说明现金比率越低越有进行套期保值的倾向，这些都与我们的理论分析相符。模型（6）说明度量公司规模的变量营业总收入的对数与套期保值在1%的水平上正相关，即公司规模越大越可能进行套期保值，理论分析得以验证。模型（7）表明度量企业性质的变量与套期保值在1%的水平上显著负相关，即非国有企业更可能进行套期保值，与理论分析一致。

以上的分析虽然验证了本书的推断，但模型的拟合度并不高，所以我们又把所有的变量放在一个模型中进行检验，得到模型（9）；并把所有样本分为国有和非国有分析进行检验，得到模型（7）和模型（8）。结果显示，在全样本模型中，只有税收凸性代理变量、管理者持股变量、公司规模变量和公司性质变量是统计上显著的，其中，只有税收凸性代理变量和公司规模变量符合公司价值最大化的套期保值动机假设，其余变量统计上均不显著并且有些变量系数符号与公司价值最大化预期相反，模型的 R 值达到了 0.184，拟合度比较好，进一步说明了本书的推断。

国企与非国企样本也可以得出基本相同的推断，这里不再赘述。

表 4-16　套期保值动机回归结果

| | (1) | (2) | (3) | (4) | (5) | (6) | (7) | (8) | (9) |
|---|---|---|---|---|---|---|---|---|---|
| VAR | m_tax | m_fd | m_uc | m_mw | m_sub | m_tcosts | m_soe | m_nsoe | m_all |
| Tloss | 0.01 | | | | | | 1.239 | | 1.118* |
| | (0.372) | | | | | | (0.912) | | (0.672) |
| Lev | | 0.770 | 1.628** | | | | −0.422 | 5.239* | 1.771 |
| | | (0.792) | (0.747) | | | | (2.221) | (2.757) | (1.185) |
| LongLev | | 0.352 | | | | | 0.04 | −4.647** | −0.128 |
| | | (0.546) | | | | | (1.892) | (1.988) | (0.232) |
| TIC | | 0.003 | 0.006 | | | | −0.047* | 0.021 | 0.005 |
| | | (0.004) | (0.006) | | | | (0.027) | (0.021) | (0.008) |
| PB | | | −0.016* | | | | −0.049 | −0.03 | −0.041 |
| | | | (0.01) | | | | (0.038) | (0.087) | (0.028) |
| MS | | | | −0.068 | | | −0.408 | −0.864 | −0.757** |
| | | | | (0.254) | | | (0.510) | (0.612) | (0.344) |
| MC | | | | 0.272** | | | 0.01 | 0.271 | 0.130 |
| | | | | (0.137) | | | (0.253) | (0.358) | (0.179) |
| Divd | | | | | 0.616* | | 0.438 | 0.456 | 0.244 |
| | | | | | (0.318) | | (0.783) | (0.642) | (0.438) |
| CaR | | | | | −0.266** | | 0.199 | 0.065 | −0.013 |
| | | | | | (0.104) | | (0.557) | (0.383) | (0.217) |
| Lnincome | | | | | | 0.495*** | 1.51*** | −0.153 | 0.735*** |
| | | | | | | (0.1) | (0.297) | (0.292) | (0.161) |
| Soe | | | | | | | | | −1.598*** |
| | | | | | | | | | (0.368) |
| Constant | 0.296** | −0.187 | −0.462 | −0.630 | 0.089 | −10.51*** | −33.08*** | 1.302 | −15.96*** |
| | (0.120) | (0.415) | (0.443) | (0.488) | (0.286) | (2.111) | (6.225) | (6.384) | (3.312) |
| $r^2\_p$ | 0 | 0.011 | 0.04 | 0.01 | 0.049 | 0.07 | 0.342 | 0.103 | 0.184 |
| ll | −217 | −197 | −188 | −214 | −174 | −202 | −71 | −46 | −136 |
| chi2 | 0 | 4 | 15 | 4 | 17 | 30 | 74 | 10 | 61 |
| N | 319 | 295 | 290 | 317 | 271 | 319 | 158 | 84 | 249 |

注：* $p<0.1$；** $p<0.05$；*** $p<0.01$。

　　总之，从基于公司价值最大化角度的套期保值的决定因素来看，我国公司套期保值并不是为了减少各种摩擦成本，进行套期保值与否似乎与一些非公司价值最大化的因素显著相关，那么，我国公司进行套期保值对公司价值究竟有什么影响呢？是提升公司价值，还是降低公司价值，或是对公司价值没有影响？如果套期保值的目的不是提升公司价值，那目的又是什么呢？从上面的回归分析中，可以初步得出是管理者出于自身的考虑而进行了套期保值。如果是出于自身利益而进行的套期保值，效果又怎么样呢？进行了套期保值有没有提升管理者个人效用呢？这些都是以后章节中要研究的问题。

### 4.4.3.3 稳健性检验

为检验上述结论的稳健性，依次执行了如下敏感性测试：为消除公司各特征度量变量分布偏倚的潜在影响，将全部样本按照变量的大小平均分为十组，这样第一组和第十组分别由变量相对最小和最大的样本公司构成，然后用所在组序对各变量赋值，并用新构建的各变量指标对相关模型进行重新回归。上述稳健性检验结果与前面的研究结论没有实质性差异，因此，可以认为前文结论是比较稳健的。

## 4.5 本章小结

在本章中，首先基于公司价值最大化视角对套期保值行为进行了理论分析，认为如果公司套期保值是为了提升公司价值，那么公司将通过套期保值这个工具减少各种摩擦产生的成本。根据前期文献的研究成果，本章提出了套期保值可以减少公司所得税、减少财务困境成本和减少外部冲击对投资机会的影响等假设，然后以我国有色金属行业上市公司为样本对这些假设进行了检验。描述性统计结果显示，度量公司所得税凸性的变量在套期保值者与非套期保值者之间没有明显区别，检验财务困境成本假设的利息保障倍数得出了反假设的结果，统计结果是低的市净率公司在进行套期保值，没有验证我们的协调投融资和减少投资不足成本假设。仅从描述性统计结果来看，公司进行套期保值的目的并不是公司价值最大化。随后又采用列联表进行了单变量分析，除管理者持股变量虚拟变量、发放股利虚拟变量和企业性质虚拟变量外，对其他变量首先计算各变量的平均值，再用各变量值减去平均值，差值如果大于 0 赋值为 1，否则为 0。从列联表分析的结果中看到，没有支持基于公司价值最大化的各变量与套期保值相关性的假设，这进一步验证了本章的猜想，即公司套期保值的目的并不是公司价值最大化。最后，通过公司特征对套期保值做 Logistic 回归分析，结果也没有支持套期保值可以减少各项摩擦成本的假设。所以，本章得出结论，公司进行套期保值的动机并不是公司价值最大化，具体是什么动机，还要做进一步的研究。

# 5 基于公司价值最大化的套期保值效应分析

上一章初步验证了公司进行套期保值的目的不是公司价值最大化，本章将在上一章得出结论的基础上，检验我国企业套期保值是否提升了公司价值，也即基于公司价值最大化视角来检验套期保值的效应。

## 5.1 引言

在经典的 MM 世界中，资本市场是完美的，风险管理与公司价值无关。当不存在信息不对称、税收和交易成本时，股东自己可以按和公司相同的成本进行风险管理活动，对冲财务风险，套期保值不能增加公司价值。

实际上，由于资本市场是不完美的，可以通过套期保值降低利润的波动来增加公司价值。传统的解释包括降低财务困境成本、降低期望税收和解决投资不足问题。如果衍生品合同中套期保值头寸可以带来与风险不匹配的溢价或积极的交易活动产生了利润，风险管理也可以增加公司价值。

现有的致力于公司套期保值行为与公司价值的相关关系的研究，尝试去确定公司套期保值行为是否与现存的理论相一致。得到的结果是相互矛盾的，这显示了两个内生变量的关系。如果套期保值可以提升公司价值，为什么没有观察到所有的公司在最优的水平上套期保值？科尔斯、莱蒙和麦思格（2003）讨论了公司价值与管理者所有权的关系，发现高水平的管理者所有权与较高的 Q 比率相联系。这可能反映出不同行业的不同劳动生产率水平和不同的 Q 比率。例如，服务业的劳动生产率水平较高，也具有较高的管理者所有权水平。例时，一些服务业比其他行业具有较高的收益率和成长性，也就是有较高的 Q 比率。这个内生性使 Q 比率与管理者所有权之间产生联系，而这些公司也会套期保值。

这显示出样本选择的重要性。如果选择同行业的公司，这个问题就会有所减轻。因此，我们需要的行业的风险暴露是重要的，并且不同的个体具有明显不同的套期保值水平。选择有色金属行业进行套期保值溢价的研究，对于研究套期保值与公司市场价值的关系而言，是一个理想的样本。首先，有色金属价格的变化对样本公司的现金流有重大影响；其次，有色金属价格的变化对样本内所有公司都有影响。

再有就是研究套期保值与杠杆的相互影响。套期保值减少了公司现金流的波动，降低了财务困境风险，扩大了企业的负债容量，企业可以举借更多的债务（债务利息可以享受税收抵扣的好处），更多的债务导致产生更高的杠杆，更高的杠杆又需要进行更多的套期保值来降低财务困境成本。这样，更高的杠杆需要更多的套期保值，而更多的套期保值又可以举借更多的债务，形成更高的杠杆，两者交互上升，互相影响，产生了比较严重的内生性问题。

虽然样本的选择可能控制部分内生性问题，但在研究的过程中仍然发现在有色金属行业内有很严重的内生性问题（产生原因只是初步猜想，具体有待进一步研究）。这个内生性问题很严重地干扰了套期保值行为与公司价值的关系，因此，本书着重采用科学的方法控制内生性问题，最后得出了显著的结果。

本章其他部分安排如下：第二部分理论分析和文献回顾；第三部分对研究样本和相关代理变量进行了说明；第四部分是研究结果及分析；最后是结论。

## 5.2 理论分析和文献回顾

阐述管理者为什么进行套期保值的理论有两个方向：一个方向是基于股东价值最大化；另一个方向是基于所有者分散化动机或管理者最大化个人效用动机。

股东价值最大化理论指出，公司套期保值可以减少多种由于现金流高度波动所产生的成本。文献中指明了三种类型成本：套期保值可以减少预期财务困境成本（迈尔斯和史密斯，1982；史密斯和史图斯，1985）；套期保值也可能是税收激励动机，当公司面对凸的税收函数时，套期保值可以减少预期税收（迈尔斯和史密斯，1982；史密斯和史图斯，1985），套期保值也可以提升负债容量，借此获得来自高杠杆的税收优势（利兰，1998）；最后，当公司有高增长机会，并且外部筹资成本高于内部筹资成本时，套期保值帮助减缓投资不足问题，这种情况发生在投资机会与现金流负相关时。航空业就是一个例子，行业处于下降周期时，是按低价格购置困境资产的好时机。这个挽救成本的现值反映了较高的市场估价。

另一个理论分支指出套期保值来源于管理者最大化个人效用函数的动机。如果管理者的财富和人力资本集中在他们管理的公司，并且他们发现套期保值个人账户的成本高于公司水平的套期保值成本，风险厌恶管理者就将进行套期保值（史图斯，1984；史密斯和史图斯，1985）。另外，套期保值也可以作为帮助外部投资者更好观察管理者能力的信号（德马索和达菲，1995）。根据这个理论，套期保值将不影响市场价值。

实证文献致力于研究公司特征与套期保值之间的相关性，尝试去识别能最好地解释实际套期保值活动的理论。结果是相互矛盾的，例如，风险管理活动被发现在大公司更普遍，但小公司更易经历财务困境，更有动机去进行套期保值，而套期保值似乎被建立风险管理程序的高固定成本的规模经济所驱动。另一方面，多尔德（1995）和豪沙尔特（2000）报告了套期保值与杠杆之间的显著正相关，与这个理论一致的是，套期保值可以减少财务困境成本。格雷厄姆和罗杰斯（2002）提供的证据显示，税收凸性似乎不是套期保值决策的因素，但套期保值可以提升负债容量。这和第二类解释是一致的。最后，南希、史密斯和史密森（1993）与盖茨、明顿和斯科兰德（1997）发现，套期保值公司有更高的增长机会，这与套期保值可以帮助减轻潜在的投资不足问题观点是一致的。

总体来说，对价值最大化理论的支持是相互矛盾的。米安（1996）调查了他们的样本，公布了可靠的意见，即越大的公司越可能套期保值。同样，图法诺（1996）考查了黄金采掘业公司的套期保值活动，没有发现对价值最大化理论的支持。而且，他发现了很强的证据支持管理者风险厌恶理论：持有更多股票的管理者更倾向于套期保值。

研究者开始检验公司价值与套期保值之间的直接相互关系。阿累尼斯和威斯顿（2001）提供了这个议题的第一个证据，他们发现使用外汇衍生品的公司的市场价值比非使用者平均高出 5%，这个结果在经济上是显著的，但是从套期保值理论互相矛盾的实证证据的角度来看是令人怀疑的。格雷厄姆和罗杰斯（2002）提出衍生品导致的负债容量增加使公司价值平均提高 1.1%。正如前面提到的，结果的有效性被瓜伊和科塔里（2003）所质疑。

另外，这些结果被限制在大型的美国跨国公司的外汇风险管理中，那些公司的风险暴露是非透明的。现在还不清楚，对于其他类型可以容易地识别和套期保值的市场风险，或者同质性的行业是否存在套期保值溢价。本书通过检验中国有色金属行业套期保值对公司价值的影响，致力于解决这方面的问题。

## 5.3 研究设计

### 5.3.1 样本选取与数据来源

样本选取与数据来源与第四章相同。

### 5.3.2 变量定义

#### 5.3.2.1 套期保值

确定套期保值者时，考虑到中国衍生品市场并不是很发达，上市公司对套期保值披露的信息十分有限的现状，中国上市公司套期保值数据的具体、详细信息很难获得，选择用离散性指标度量公司的套期保值，具体做法是在研究样本年报中手工搜索套期保值、套期工具、衍生品、期货和期权等关键字段，如年报中发现以上关键字段，再考查是否发生该业务，如发生该业务，并且该业务符合我国会计准则对套期保值者的界定，则确定套期保值者，当公司为套期保值者时赋值为 1，否则为 0。

#### 5.3.2.2 公司价值

公司价值主要由公司业绩决定，国外的相关研究在度量企业业绩时，既可以用 Tobin's Q、股票收益率等市场业绩指标，也可以用 ROA、ROE 等会计业绩度量指标。中国的资本市场与欧美等国家的资本市场存在差异，有本身的一些特殊性：①中国股票市场股票种类繁多，同一家上市公司可能有多种股票，交易价格各异，交易币种各异，同一家公司的各种股票不能同股同价，因此同一家公司用不同种类股票计算的股票收益率也就不同；②中国证券市场的有效性较差，市场投资气氛浓重，股票换手率高，市场炒作严重，股价的波动性高，股票价格严重偏离公司业绩。市场业绩指标不适合以中国公司为样本进行研究，因此，在本研究中，使用会计业绩指标度量样本公司的业绩。具体来说，本研究采用总资产净利率（等于净利润除以总资产余额）对业绩进行度量。

## 5.4 实证分析

本部分对套期保值与公司价值关系的考查将遵循如下思路：首先，参照国内外已有研究，分别运用截面数据和面板数据对套期保值与公司价值关系进行初步分析；其次，考查公司特征对套期保值的影响；最后，将套期保值内生化，估计它对公司价值的总效应。

### 5.4.1 套期保值与公司价值——初步分析

从表 4-2 可以看出，样本公司中套期保值者的比重逐年增加，尤其是 2007 年经济危机后开始显著增加，至 2008 年达到样本公司的 61%。那么，有色金属行业套期保值能否提高公司价值呢？按照是否套期保值分组，对套期保值公司与非套期保值公司进行对比。如表 5-1 所示，套期保值公司业绩指标 ROA 中位数和均值都比非套期保值公司业绩指标低，这初步说明套期保值会降低公司价值。但是，套期保值对公司价值的影响还需进一步验证。

表 5-1　套期保值公司与非套期保值公司的特征比较

| VAR | N | Min | Median (all) | Median (H) | Median (NH) | Mean (all) | Mean (H) | Mean (NH) | Max | Std.Dev |
|---|---|---|---|---|---|---|---|---|---|---|
| ROA | 319 | -0.277 3 | 0.047 6 | 0.044 5 | 0.051 7 | 0.056 1 | 0.051 9 | 0.061 8 | 0.589 8 | 0.087 0 |
| Lnincome | 319 | 17.464 5 | 21.958 3 | 22.296 7 | 21.539 2 | 21.926 7 | 22.271 6 | 21.462 8 | 25.706 0 | 1.350 6 |
| Prof | 319 | -0.374 9 | 0.050 9 | 0.040 7 | 0.074 5 | 0.071 8 | 0.058 1 | 0.090 1 | 0.662 0 | 0.120 2 |
| Growth | 292 | -0.453 3 | 0.259 3 | 0.255 3 | 0.267 3 | 0.355 6 | 0.279 5 | 0.463 1 | 10.595 2 | 0.744 9 |
| Soe | 319 | 0 | 1 | 1 | 1 | 0.608 1 | 0.535 5 | 0.705 8 | 1 | 0.488 9 |
| Lev | 319 | 0.014 7 | 0.547 2 | 0.554 9 | 0.497 1 | 0.527 5 | 0.556 1 | 0.489 0 | 1.223 4 | 0.212 6 |
| TIC | 297 | -8.240 3 | 4.191 1 | 3.443 2 | 5.653 1 | 12.151 2 | 13.302 3 | 10.522 9 | 715.078 7 | 45.711 9 |
| CaR | 319 | 0 | 0.300 4 | 0.273 9 | 0.327 5 | 1.054 0 | 0.528 3 | 1.761 5 | 49.973 3 | 3.756 1 |

对照已有的研究，本书将可能影响公司价值的指标纳入考量范畴，对套期保值与公司价值的关系进行分析，回归模型如下：

$$ROA_{it} = \alpha + \beta H_{it} + \delta X_{it} + \varepsilon_{it} \qquad (5.1)$$

式中，$ROA_{it}$ 为公司在 $t$ 期的价值；$H_{it}$ 为套期保值哑变量；$X_{it}$ 为可能影响公司价值的公司特征，包括公司规模、赢利能力、成长性和控股股东类型，其中，企业规模（Lnincome）=年度营业总收入对数，赢利能力（Prof）=营业利润/营业总收入，成长性（Growth）=本年营业总收入/上年营业总收入-1；控股股东类型（Soe）为哑变量，若国有及国有控股公司为 1，其他为 0；财务杠杆（Lev）=资产负债率。

从表 5-2 可以看出，各年度套期保值对公司价值的总效应是不同的，结果全不显著，这可以从一个侧面对套期保值与公司价值关系的实证结论不一致的问题进行解释：由于样本、样本年度或者模型不同，可能造成结论不一致。在加入年度虚拟变量后，对样本进行混合截面回归（pooled OLS），结果也并不显著，同样，对样本进行面板回归后，结果还是不显著。

**表 5-2 套期保值对公司价值的总效应**

| | (1) | (2) | (3) | (4) | (5) | (6) | (7) | (8) | (9) |
|---|---|---|---|---|---|---|---|---|---|
| VAR | m_2005 | m_2006 | m_2007 | m_2008 | m_2009 | m_2010 | m_2011 | m_ols | m_fe |
| H | 0.017 | 0.014 | 0.014 | 0.004 | 0.011 | −0.002 | −0.010 | 0.001 | 0.001 |
| | (0.012) | (0.017) | (0.019) | (0.014) | (0.011) | (0.010) | (0.012) | (0.006) | (0.010) |
| Lnincome | 0.021*** | 0.028*** | 0.019** | 0.003 | 0.009* | 0.014*** | 0.019*** | 0.014*** | 0.011** |
| | (0.007) | (0.008) | (0.008) | (0.005) | (0.004) | (0.004) | (0.004) | (0.002) | (0.004) |
| Prof | 0.577*** | 0.736*** | 0.714*** | 0.578*** | 0.474*** | 0.408*** | 0.598*** | 0.576*** | 0.674*** |
| | (0.065) | (0.082) | (0.086) | (0.060) | (0.048) | (0.047) | (0.056) | (0.024) | (0.028) |

（续表）

| | (1) | (2) | (3) | (4) | (5) | (6) | (7) | (8) | (9) |
|---|---|---|---|---|---|---|---|---|---|
| growth | 0.034* | 0.009* | 0.015 | 0.031** | 0.048* | −0.002 | 0.024 | 0.013*** | 0.009*** |
| | (0.016) | (0.004) | (0.019) | (0.013) | (0.025) | (0.017) | (0.021) | (0.003) | (0.003) |
| Lev | −0.118*** | −0.014 | 0.010 | 0.027 | 0.007 | −0.049* | −0.036 | −0.017 | −0.056** |
| | (0.034) | (0.046) | (0.057) | (0.037) | (0.030) | (0.025) | (0.024) | (0.014) | (0.023) |
| Soe | −0.014 | 0.015 | 0.022 | 0.003 | −0.017 | −0.017 | −0.010 | 0.001 | −0.038 |
| | (0.0138) | (0.019) | (0.020) | (0.014) | (0.011) | (0.011) | (0.011) | (0.006) | (0.036) |
| Constant | −0.397*** | −0.621*** | −0.447** | −0.076 | −0.175* | −0.244*** | −0.399*** | −0.285*** | −0.180* |
| | (0.130) | (0.159) | (0.183) | (0.113) | (0.093) | (0.080) | (0.084) | (0.044) | (0.098) |
| Obs | 30 | 31 | 34 | 44 | 46 | 50 | 57 | 292 | 292 |
| r² | 0.888 | 0.870 | 0.806 | 0.805 | 0.817 | 0.759 | 0.862 | 0.783 | 0.786 |
| r²_a | 0.858 | 0.837 | 0.763 | 0.774 | 0.789 | 0.725 | 0.846 | 0.773 | 0.728 |
| F | 30.303 | 26.694 | 18.678 | 25.509 | 29 | 22.523 | 52.133 | 77.385 | 140.393 |
| Num of id | | | | | | | | | 57 |

注：* $p<0.1$，** $p<0.05$，*** $p<0.01$。

### 5.4.2 Logit 分析

以上理论分析表明，套期保值之于公司价值，有一定的相关性。套期保值同时也是公司特征影响的结果。如果公司业绩良好，拥有良好的现期及未来现金流，管理者对公司的未来比较自信，也就用不着套期保值来减少未来的波动对公司所需现金流的冲击；相反，如果公司业绩较差，现期及未来现金流比较紧张，那么公司为了保证未来投资现金流的需要，就会进行套期保值以减少未来现金流的波动，即拥有较高的套期保值倾向。实际情况是否如此呢？

按照是否套期保值分组，本章对各组公司特征进行对比（见表5-1）。表5-1印证了以上可能性的存在，套期保值公司与非套期保值公司在特征上存在差异：套期保值公司规模更大，赢利能力更低，成长性更差，具有更高的财务杠杆，更低的现金比率。这表明，公司有可能会因为具有较差的赢利状况和发展前景而进行套期保值，借此可以解决投资不足问题，锁定预期收益。而高成本的套期保值工具的不恰当使用，又进一步恶化了公司的赢利状况和发展前景。这就意味着公司特征方面存在的系统性差异可能是套期保值的原因，内生性也自然成为一个不可避免的问题。为此，本书采用Logit方法来估计这些特征对套期保值决策的影响，其模型如下：

$$P_{it} = \beta_0 \beta_1 Y_{it} + u_{it} \tag{5.2}$$

式中：$Y$代表公司特征，包括财务杠杆、公司规模、偿债能力和套期保值替代物，其中，财务杠杆（$D_a$）=资产负债率，公司规模（size）=营业总收入对数，偿付能力（Intcover）=利息保障倍数，套期保值替代（Cashratio）=现金比率。

式（5.2）中的$P_{it}$为潜在变量，我们无法观测，它与公司的实际套期保值战略选择遵循如下规律：

$$D_{it} = \begin{cases} 1, & \text{如果 } P_{it} > 0 \\ 0, & \text{其他} \end{cases} \tag{5.3}$$

此时公司实施套期保值战略的条件概率为：

$$\widetilde{P}_{it} = E(Y=1 \mid X_i) = \frac{1}{1 + e^{-(\beta_0 + \beta_1 Y_{it})}} \tag{5.4}$$

注意：式（5.4）中的$\widetilde{P}_{it}$同时也是工具变量，将在本章的后面部分用到。

### 5.4.3 套期保值与公司价值——基于内生性的考虑

本章把套期保值作为公司的内生变量，采用坎帕和凯迪（2002）的工具变量法和两阶段最小二乘法对套期保值与公司价值的关系进行重新估计。其步骤如下：

在第一阶段，根据下式进行回归：

$$H_{it} = \alpha + \beta \widetilde{P}_{it} + \delta X_{it} + \gamma_{it} \tag{5.5}$$

式中：$H_{it}$为套期保值哑变量；$\widetilde{P}_{it}$为根据式（5.4）得到的概率；$X_{it}$为式（5.1）中代表公司特征的一系列变量。根据这一回归结果，可以得到$\bar{H}_{it}$。

第二阶段，将$\widetilde{H}_{it}$代入以下模型：

$$ROA_{it} = \alpha + \theta \widetilde{H}_{it} + \delta X_{it} + e_{it} \tag{5.6}$$

由于公司特征影响公司价值和套期保值行为，因此在两阶段回归中，本书都将之作为控制变量。对于两阶段回归来说，一个重要条件是所选取的工具变

量必须与式 (5.6) 中的 $e_{it}$ 无关，而与哑变量 $\bar{H}_{it}$ 高度相关；其次是公司价值的代表性指标必须独立于可能影响套期保值决策的公司特征。在式 (5.6) 中以 ROA 作为被解释变量，它是同行业的收益指标，同时也不受时间因素影响，满足以上要求。因此，第二阶段的回归结果就代表了控制内生性之后套期保值对公司价值的总效应。

两阶段最小二乘法的第二阶段回归结果如表 5-3 所示。此时，面板回归的 H 系数由原先的 0.001 12 迅速变为 −1.176，更重要的是，结果由不显著变为显著，这表明，套期保值对公司价值造成的影响在控制了内生性因素之后大大增加了。为了检验在控制内生性前后套期保值哑变量回归系数是否具有差别，本书运用豪斯曼（1978）的方法进行检验。结果显示，二者具有显著性差异，因此可以判定内生性存在，这也证明了本书工作的必要性。

表 5-3 考虑内生性后套期保值对公司价值的总效应

| VAR | (1)<br>me_2005 | (2)<br>me_2006 | (3)<br>me_2007 | (4)<br>me_2008 | (5)<br>me_2009 | (6)<br>me_2010 | (7)<br>me_2011 | (8)<br>me_ols | (9)<br>me_fe |
|---|---|---|---|---|---|---|---|---|---|
| $\tilde{H}_{it}$ | −4.483 | 2.567 | 5.523* | 1.010 | −0.846 | 0.364 | 0.782 | 0.191 | −1.176* |
|  | (2.860) | (2.498) | (2.807) | (1.929) | (1.430) | (0.642) | (1.121) | (0.535) | (0.664) |
| Lnincome | 0.654 | −0.326 | −0.744* | −0.137 | 0.128 | −0.037 5 | −0.096 0 | −0.013 8 | 0.175* |
|  | (0.401) | (0.349) | (0.389) | (0.268) | (0.199) | (0.088 8) | (0.154) | (0.0743) | (0.092 5) |
| Prof | 0.483*** | 0.753*** | 0.785*** | 0.658*** | 0.499*** | 0.393*** | 0.688*** | 0.592*** | 0.670*** |
|  | (0.090 1) | (0.083 1) | (0.089 4) | (0.079 9) | (0.051 6) | (0.047 0) | (0.058 8) | (0.026 0) | (0.031 2) |
| growth | −0.415 | 0.263 | 0.551* | 0.129 | −0.038 0 | 0.041 1 | 0.090 6 | 0.032 0 | −0.109 |
|  | (0.286) | (0.248) | (0.275) | (0.195) | (0.143) | (0.0719) | (0.111) | (0.053 4) | (0.066 2) |
| Lev | 1.560 | −0.975 | −2.062* | −0.346 | 0.336 | −0.214 | −0.356 | −0.105 | 0.382 |
|  | (1.073) | (0.944) | (1.058) | (0.718) | (0.537) | (0.247) | (0.422) | (0.201) | (0.247) |
| Soe | −1.463 | 0.831 | 1.799* | 0.334 | −0.291 | 0.106 | 0.256 | 0.066 4 | −0.421* |
|  | (0.918) | (0.802) | (0.905) | (0.626) | (0.464) | (0.211) | (0.363) | (0.174) | (0.216) |
| Constant | −11.48 | 5.599 | 12.91* | 2.374 | −2.271 | 0.664 | 1.652 | 0.211 | −3.041* |
|  | (7.035) | (6.112) | (6.812) | (4.679) | (3.475) | (1.549) | (2.696) | (1.298) | (1.618) |
| $r^2$ | 0.888 | 0.872 | 0.827 | 0.769 | 0.82 | 0.779 | 0.903 | 0.793 | 0.784 |
| $r^2\_a$ | 0.858 | 0.839 | 0.788 | 0.729 | 0.79 | 0.745 | 0.888 | 0.782 | 0.729 |
| N | 29 | 31 | 34 | 42 | 42 | 47 | 47 | 272 | 272 |
| F | 29.18 | 27.14 | 21.471 | 19.398 | 26.632 | 23.446 | 61.941 | 75.994 | 130.467 |

注：* $p<0.1$；** $p<0.05$；*** $p<0.01$。

总之，本部分的研究表明，在控制了内生性问题之后，对样本期间各年度套期保值与公司价值关系的检验变得统一起来，结论显示套期保值会降低公司价值。更重要的是，在控制了内生性之后，套期保值对公司价值的影响变得显著了。

## 5.5 本章小结

本章采用工具变量法分析了内生性问题给套期保值研究带来的影响。在控制套期保值内生性问题之后，套期保值对公司业绩的负面影响大大增加了。本章认为，这可能与我国公司管理者的防御特征相联系，越是业绩良好的公司，管理者越是不需要套期保值来减少未来极端状况的发生，因为只要未来公司不发生诸如破产、巨额亏损等极端状况，管理者的职位就不致于因为经营上的原因而不保，所以管理者也就没有太高的套期保值的倾向；而越是业绩不好的公司，管理者失去职位的可能性越大，因此，管理者防御倾向也就越高，通过套期保值，管理者可以减少公司现金流的巨幅波动，降低极端状况发生的可能性，从而稳固自己的职位，因此，越是业绩不好的公司套期保值的倾向越高。当然，以上分析只是本章的初步猜测，具体情况如何，还需我们进一步验证。

# 6 套期保值与管理者防御

在本章中，首先利用理论基础一章的基本理论对管理者的套期保值行为进行进一步的分析，建立数学模型来证明套期保值可以减缓不确定性对现金流的冲击，减小现金流的波动，减少极端不良业绩的出现，同时为管理者所期望的"帝国建造"提供足够的资金，所以本章认为套期保值与管理者防御正相关。同时，管理者套期保值的目的是减小现金流的波动对过度投资的冲击，那么，如果企业的现金流充裕的话，企业就会减少基于管理者防御动机的套期保值。

## 6.1 引言

所有权和控制权分离，引发了自利的管理者和股东之间由利益冲突所导致的代理问题。管理者和股东有各自的效用函数，对股东来说是最大化股东财富，对管理者来说是最大化个人效用。

从詹森和麦克林（1976）提出"委托—代理理论"以来，代理一直是学术研究的重点。以往关于管理者与股东的冲突大都从管理者进行"帝国建造"、偷懒、滥用自由现金流等方面进行研究，研究的结果大都是：股东为了减少代理成本、降低管理者机会主义行为的损失，需要引入各种治理机制约束和监督管理者，例如，董事会的监督、产品市场的竞争、经理人市场的竞争和公司控制权市场的接管威胁等。根据格罗斯曼和哈特（1982）、詹森（1986）、史图斯（1990）以及哈特和摩尔（1995）的研究，负债可以缓解股东和管理者之间的利益冲突，避免公司拥有过多自由现金流而造成管理者滥用资金，可以提高公司运营效率、监督管理者；詹森（1986）证实了现金股利也可以降低公司的控制成本和代理成本。在施行以上机制后，管理者会面临被解雇或替换的威胁，从而兢兢业业，认真履行职责，一切以维护股东权益为出发点。

但是，以往的研究却忽视了一点，管理者在公司中拥有不可分散的控制权个人收益，如高额薪金、在职消费、转移公司资源获利等，管理者获得以上收益的前提是"在位"，失去了现有职位，一切私人收益都将化为乌有，再则管理者失去现有职位后转换工作的成本是十分巨大的，因此，管理者必然全力维护现有的职位，避免被解雇或替换的情况发生。在股权分散的"弱股东、强管理者"的情况下，股东几乎没有动力和能力掌控公司控制权，而管理者拥有董事会授予的直接的契约决策权，实际上成为公司的掌控者（默克、施莱弗和维什尼，1988）。这样，以上相关机制的制定本身就是一个代理问题。在制定相关控制机制的过程中，管理者掌握了公司的控制权，这使他们不但具有强烈的固守职位的动机，而且也有了固守职位的条件，必然极力维护现有的控制权地位，抑制剥夺其控制权的行为，从而产生管理者防御（managerial entrenchment）。管理者防御的存在使得管理者会采取对自身有利但未必是最大化公司利益的策略，从而对组织运行产生冲击并且会危及股东利益。

管理者防御是指管理者在公司内、外部控制机制下，选择有利于维护自身职位并追求自身效用最大化的行为或策略。管理者防御行为要影响公司的财务行为，进而影响公司价值（绩效）。以往对套期保值与管理者的研究，大都从经济激励角度展开，如管理者薪酬、是否持股、持股比例等方面，还没有考虑到管理者防御对套期保值的影响。本研究针对我国的特殊制度背景（股权高度集中与控股股东"虚位"并存），依据高阶管理理论，从管理者防御视角考查管理者人口特征与套期保值的相关性，旨在为我国企业调和股东与管理者的经济关系、缓解代理问题和正确进行套期保值提供依据。

## 6.2 理论分析与研究假设

### 6.2.1 理论分析

依据前面介绍的基本理论，本章将在多期模型中建立防御的管理者最优套期保值需求的理论分析框架，在这里管理者拥有个人收益控制权，每期的现金流是序列相关的。研究中剔除了管理者风险厌恶和破产成本这些在以前文献中已经广泛讨论的套期保值动机，而重点强调管理者防御的作用。当然，本书的分析基于弗鲁特、沙尔夫斯泰因和施泰因（1993）的研究，当外部筹资成本超过内部筹资成本时，风险管理将发挥作用。只不过，弗鲁特、沙尔夫斯泰因和施泰因（1993）构建他们的研究是基于股东价值最大化的观点，而在本章的模型中管理代理成本内生于外部筹资相对于内部资金的成本。

本书考查了管理者控制权私人收益、股票所有权、现金流的实现和风险对套期保值的影响。本章研究发现，对于非杠杆公司的管理者，由于拥有控制权私人收益的效用，即使是风险中性的管理者，也过度偏好高套期保值头寸。这是因为，在存在外部筹资约束的条件下，管理者将面对个人渴望的投资水平的高筹资成本的风险。均衡套期保值政策的比较静态分析为公司套期保值需求与管理者特征、公司特征的共变提供了可驳倒的预测。如果管理者控制权私人收益是高的，那么现金流的期望边际价值就是高的，对未来投资筹资的风险厌恶就是大的。因此本章预期，管理者防御水平与最优公司套期保值强度是正相关关系，即使在套期保值成本函数是凸的情况下也是这样。

本章的模型也预测了，即使管理者是风险中性的，管理者股票所有权与套期保值强度也是正相关的。这是因为在存在外部筹资成本时，套期保值对于股东价值最大化是最优的，管理者想要的套期保值强度随着股票份额的提升而增加。迄今为止，还没有文献在所有权和控制权分离这个背景下去讨论这种相关性。本章还证明了自由现金流和套期保值强度的动态相关性。如果现金流是序列相关的，保持其他因素不变，高的现期现金流将产生高的未来现金流，减少套期保值需求。如果最优套期保值政策受筹资约束，那么高的现期现金流也能支付得起更多的高成本的套期保值。现期内部流动性对公司套期保值强度的影响在理论上是不明确的，据本章的分析预测，如果套期保值不受内部筹资约束，套期保值强度与自由现金流的可获得性就是负相关的。

本部分的理论分析提出了一个对公司套期保值强度的新的预测，特别强调了管理者防御和可获得的现金流的作用。本部分也提供了一个与以往文献不同的管理股票所有权的作用的观点。本部分模型的含义可以在现金流波动足够大而使得风险管理足够重要的任何行业中得到检验。

本书建立一个所有权和控制权分离的公司的代理模型，假设这个公司是公众持有、完全股权筹资并且被风险中性的管理者控制，在这里，本章不考虑管理者风险厌恶和规避破产动机的套期保值，因为这些因素已经在其他文献中被详细地讨论过。

由于道德风险的存在，管理者有可能实施负净现值项目或进行"帝国建造"（詹森，1986，1993；史图斯，1990；哈特，1995），因此，如果在面临投资机会时，管理者可以从更大的投资规模中获取个人收益，管理者和所有者之间在投资偏好上存在冲突。

这个公司也面临外部融资约束，弗鲁特、沙尔夫斯泰因和施泰因（1993）认为，当外部融资成本高于内部融资成本时，套期保值可以提升公司价值。在本章的模型中，由于管理者道德风险会引起过度投资，资本市场将把这个无效投资的倾向包含在所提供资金的成本中，相当于在内部资金成本和外部资金成本之间打入一个楔子（史图斯，1990；梯若尔，2006），由于外部融资的成本比内部资金的机会成本高，管理者对为达到所渴望投资水平而拥有的内部流动资金和自由现金流有较高的评价。

#### 6.2.1.1 时序约定

在本章的模型中有三个日期，分别是 $t=0$，1，2，所有的决策都是在日期 $t=0$，1 做出。每期无风险资产收益率 $R>1$。在 $t=0$ 期，公司除序列相关的经营现金流入 $C_0 \geq 0$ 外没有其他现金，即 $t=0$ 的净现金流是 $C_0=c_0$。

在 $t=0$ 期，公司管理者拥有公司股份的比例是 $\alpha_0$，本章用 $\varphi_0$ 表示套期保值强度，也就是套期保值数量。套期保值强度的决策与 $t=1$ 期的 $C_1$ 一起决定了管理者在 $t=1$ 期决定的投资 $I_1$ 的资金数量。这个投资随机地产生了公司在 $t=2$ 期的现金流，在 $t=2$ 期，公司和它的资产被清算。

#### 6.2.1.2 现金流和套期保值

本书假设 $t=0$，1 的公司经营现金流 $c_0$，$c_1$ 是本章的框架之外的前期投资决策决定的，本章假设这些现金流是正序列相关的，这个自相关遵循一阶自回归过程，并且受到服从正态分布的冲击，即

$$c_1 = Pc_0 + \varepsilon_1 \tag{6.1}$$

现金流冲击 $\varepsilon_1$ 与 $c_0$ 是相互独立的，服从均值 0 方差 $\sigma_\varepsilon^2$ 的正态分布，P

是常量。

管理者可以投资有价证券对低的 $c_1$ 进行套期保值，这个有价证券在 $t=1$ 期的支付要与现金流冲击 $\varepsilon_1$ 是负相关的。现金流冲击的保护程度被套期保值强度 $\varphi_0$ 的选择所决定，$0\leqslant\varphi_0,c_1=\mathrm{P}c_0+\varepsilon_1\sqrt{1-\varphi_0}\leqslant 1$。$\varphi_0$ 与 $c_1$ 的波动是负相关的。为了方便分析，本章假设

$$c_1=\mathrm{P}c_0+\varepsilon_1\sqrt{1-\varphi_0} \tag{6.2}$$

即，套期保值证券的支付与经营现金流冲击是负相关的，套期保值保护程度随套期保值强度的增强而提高。当 $\varphi_0=1$ 时，$c_1=\mathrm{P}c_0$，公司在 $t=1$ 期的经营现金流完全被套期保值。

套期保值是有成本的，在设置套期保值业务时要付出很高的固定成本，而且在实施套期保值过程中也要产生相应的非固定成本，总的套期保值成本是套期保值强度的增函数，也是套期保值强度的凸函数。然而，套期保值所有未来现金流风险在经济上是不可行的，在现实中没有现存的财务合约为某一种现金流风险提供保险，例如，熟练员工的流失（人力资本损失风险），替代品的发展（竞争风险）都不能被保险。我们因此假设一个递增的凸函数 $g'(\varphi_0),\lim\limits_{\varphi_0\to 0} g'(\varphi_0)=0,\lim\limits_{\varphi_0\to 1} g'(\varphi_0)=\infty$。

$t=1$ 期的净现金流 $C_1$ 包括经营现金流和财务投资的回报，即

$$C_1=c_1+[c_0-g(\varphi_0)]R \tag{6.3}$$

根据本章先前的假设和式(6.2)、式(6.3)，$C_1$ 服从均值 $\mu_1=c_0(\rho+R)-g(\varphi_0)R$，方差 $\sigma_1^2=\sigma_\varepsilon^2(1-\varphi_0)$ 的正态分布，写作如下形式

$$(C_1\mid C_0,\varphi_0)\sim\Phi(C_1;\mu_1,\sigma_1^2) \tag{6.4}$$

$\Phi(\cdot;\mu_1\sigma_1^2)$ 是带有矩 $(\mu_1\sigma_1^2)$ 的正态分布的累积分布函数。

### 6.2.1.3 投资机会和管理者偏好

在 $t=1$ 期，净现金流 $C_1$ 得以实现，负的 $C_1$ 表明公司不能满足对资金提供者的支付，这种情况下，公司将关闭，公司股票价值降为零。如果 $C_1>0$，管理者投资 $I_1$（$0<I_1<C_1$，本章使用点输入点输出方法），这项投资在 $t=2$ 期的收

益是 $X_2$ $(I_1,\xi_2)=\xi_2\sqrt{I_1}$ , $\xi_2$ 是投资决策做出后的非负收益冲击,随机变量$\xi_2$ 的累积分布函数是 $F$ $(\xi_2)$ , $E(\xi_2)=\bar{\xi}_2>R$ 。在 $t=2$ 期的净现金流是:

$$C_2=\xi_2\sqrt{I_1}+\max[0,(C_1-I_1)R] \qquad (6.5)$$

公司在 $C_2$ 实现后进行清算。

管理者一方面作为股东从清算的净现金流 $C_2$ 中获得效用,另一方面从控制投资中获得个人效用 $\psi I_1$ ,其中 $\psi>0$ 。本研究提出,防御水平与做出次优决策的可能性正相关,在本章的模型中 $\psi$ 可以解释为管理者防御水平。管理者通过个人主观折现因子 $\beta$ ( $0<\beta<1$ )对未来的支付进行折现。本章假设管理者控制更大投资规模的边际效用小于过度投资的机会成本,即 $\psi<\beta\alpha_0R$ ,这样可以保证管理者的最优投资规模不会无穷大。接下来本章描述管理者的最优投资规模和套期保值政策。

#### 6.2.1.4 管理者最优投资规模和套期保值

本书通过向后递推方法描述管理者的最优投资规模和套期保值强度选择。首先,本章描述 $t=1$ 期的净现金流 $C_1$ 的最优投资函数,这也决定了 $C_1$ 的管理者价值函数(间接效用函数),但 $C_1$ 依赖于 $t=0$ 期的套期保值强度选择 $\varphi_0$ ,本章用这个关系去描述最优套期保值选择。

(1)最优投资规模。如果公司在 $t=1$ 期仍然运营,那时管理者选择投资 $I_1$ 去最大化他的期望效用,管理者的期望效用来自两个方面,一个是从清算的 $C_2$ 中分得的份额,另一个是从他控制的投资中获取的个人收益:

$$U_1(I_1,C_1)=\beta\alpha_0\{\xi_2\sqrt{I_1}+\max[(0,C_1-I_1)R]\}+\psi I_1 \qquad (6.6)$$

如果投资融资约束是紧的, $I_1=C_1$ ;否则,关于 $I_1$ 最大化[式(6.6)],可得管理者最优投资选择:

$$I_1^*(C_1)=\min[C_1,\frac{(\bar{\xi}_2)^2}{4(R-\frac{\psi}{\beta\alpha_0})^2}] \qquad (6.7)$$

当 $C_1$ 足够高时,管理者的最优投资规模随着期望资本生产率( $\bar{\xi}$ )和防御水平（$\Psi$）的提高而提高，随着管理者持股比例（$\alpha_0$）、管理者主观折现因子（$\beta$）和利率（$R$）的提高而降低。其中，随着管理者持股比例（$\alpha_0$）的提高，管理者与股东的利益更趋一致。

在存在融资约束的条件下，作为参照的公司价值最大化（有效）投资规模可以由下式给出：

$$I_1^e(C_1)=\min\left[C_1,\frac{(\xi_2)^2}{4R^2}\right]\leq I_1^*(C_1) \tag{6.8}$$

$I_1^*$ 是不存在代理问题时的最优投资规模。给定 $\Psi<\beta\alpha_0 R$，当没有内部融资约束或 $C_1>\dfrac{(\overline{\xi})^2}{4R^2}$ 时，不等式 (6.8) 是严格的。只要管理者可以为其渴望的投资规模筹集到资金，相对于有效水平的过度投资就会存在。为了更简洁地表达，本章记 $\hat{I}_1^e=\dfrac{\overline{\xi}_2^2}{4R^2}$，$\hat{I}_1^*=\dfrac{\overline{\xi}_2^2}{4(R-\psi/\beta\alpha_0)^2}$。

对于任何 $C_1$，把 $\Delta(C_1)=I_1^*(C_1)-I_1^e(C_1)$ 定义为因管理者防御而产生的投资扭曲。如果 $C_1\leq\hat{I}_1^e$，$\Delta(C_1)=0$；如果 $\hat{I}_1^e<C_1<\hat{I}_1^*$，$\Delta(C_1)=C_1-\hat{I}_1^e$；如果 $C_1>\hat{I}_1^*$，$\Delta(C_1)=\hat{I}_1^*-\hat{I}_1^e$。因此，在 $t=0$ 期的条件（$C_0$，$\Phi_0$）下，$t=1$ 期的期望投资扭曲是：

$$E[\Delta(C_1)|C_0,\Phi_0]=E[0|C_1\leq\hat{I}_1^e]+E[C_1-\hat{I}_1^e|\hat{I}_1^e<C_1<\hat{I}_1^*]+E[\hat{I}_1^*-\hat{I}_1^e|C_1>\hat{I}_1^*] \tag{6.9}$$

因为 $\Delta(C_1)\geq0$ 并且当 $C_1<\hat{I}_1^*$ 时严格为正，所以 $E[\Delta(C_1)|C_0,\Phi_0]>0$，换句话说，就是事前存在期望过度投资。而且，可以从式 (6.9) 中推断出，过度投资道德风险随着管理者控制权个人收益的提高和管理者股份所有权的下降而提升。

命题 1　在条件（$C_0$，$\Phi_0$）约束下，管理者的期望过度投资，即 $E[\Delta(C_1)|C_0,\Phi_0]$ 与管理者控制权个人收益 $\Psi$ 正相关，与管理者股权激励 $\alpha_0$ 和资本机会成本 $R$ 负相关。

对于股东来说，因所有权与控制权分享而产生的代理成本的大小依赖于投资无效的程度（相对于价值最大化投资规模）。命题 1 证明了我们的直觉，这个代理成本与管理者控制权个人收益正相关，但随着管理者股份所有权的递增而变小。的确，从式 (6.7)、式 (6.8) 可以看出，在 $\psi=0$ 的极端情况下，没有道德风险，有效投资是激励相容的。而且，在给定 $\psi$ 的情况下，期望过度投资随着管理者股份所有权（$0<\alpha_0<1$）的递增而下降。式 (6.7) 的管理者最优投资政策的检验清楚表明，外部筹资成本和管理者个人对"帝国建造"的渴望怎样在事前影响公司套期保值政策。保持其他不变，越是有防御倾向的管理者越可能面临渴望投资规模的筹资约束。这说明在防御和最优套期保值需求之间存在某种关联，本章接下来将探讨这一问题。特别地，本章将分析就管理者控制权个人收益和股权收益而言的最优套期保值政策。

（2）最优套期保值。可以构建在 $t=1$ 期的关于 $C_1$ 的管理者间接效用函数，如下所示：

$$V_1(C_1)=\begin{cases} 0, C_1 \leqslant 0 \\ \beta\alpha_0(\bar{\xi_2}\sqrt{C_1})+\psi C_1, 0<C_1<\hat{I_1^*} \\ \beta\alpha_0[\bar{\xi_2}\sqrt{\hat{I_1^*}}+(C_1,-\hat{I_1^*})R]+\psi\hat{I_1^*}, C_1 \geqslant \hat{I_1^*} \end{cases} \tag{6.10}$$

本章把 $V_1(C_1)$ 作为 $t=1$ 期的关于现金流的管理者价值函数，这个价值函数包括管理者失去控制权个人收益的风险（$C_1 \leqslant 0$）。而且，即使管理者的原始风险偏好是风险中性的，由于外部筹资约束的存在，当 $C_1$ 处于一定的范围时，管理者也是严格风险厌恶的，因此，从式 (6.10) 我们可以得到以下命题：

命题 2  关于 $C_1$ 的管理者价值函数 $V_1(C_1)$ 是严格递增的，$C_1>0$ 时是凹的，而且 $C_1<\hat{I_1^*}$ 时是严格凹的。

回到 $t=0$ 期，给定现金流 $C_0$，关于套期保值强度 $\varphi_0$ 的管理者期望效用函数是：

$$U_0(\varphi_0 \mid C_0) \propto \int_{-\infty}^{\infty} V_1(C_1) \, \omega(C_1); \mu_1, \sigma_1^2) \, \mathrm{d}C_1 \tag{6.11}$$

式中：$\omega(C_1 \mid \mu_1 \sigma_1^2,)$ 是随机变量 $C_1$ 的密度函数。

管理者选择最优套期保值强度 $\phi_0^*$，使其效用函数最大化：

$$\max_{0 \le \phi0 \le 1} U_0\left(\phi_0 \mid C_0\right)，满足 g(\phi_0) \le C_0 \tag{6.12}$$

利用式 6.11 和套期保值成本函数的假设，如果 $C_0$ 足够大，可以得到最优套期保值强度 $\phi_0^*$ 的充分必要条件：

$$Rg'(\phi_0) \int_0^\infty \left[ V_1(C_1) \frac{\partial \omega\left(C_1; \mu_1, \sigma_1^2\right)}{\partial \mu_1} \right] \mathrm{d}C_1 = (-\sigma_\varepsilon) \int_0^\infty \left[ V_1(C_1) \frac{\partial \omega\left(C_1; \mu_1, \sigma_1^2\right)}{\partial \sigma_1^2} \right] \mathrm{d}C_1 \tag{6.13}$$

式（6.13）的左边是套期保值边际成本，它以增加套期保值费用的机会成本减少了期望现金流；右边是减少现金流不确定性的收益。增加套期保值强度 $\phi_0$ 对管理者财富或期望效用有两方面的影响：提高套期保值强度 $\phi_0$ 减少现金流 $C_1$ 的波动，可以增加管理者期望效用，本章把它叫作"套期保值效应"；提高套期保值强度 $\phi_0$ 也增加了套期保值因而减少了期望现金流 $C_1$，本章把它叫作"流动性效应"。在最优套期保值强度 $\phi_0^*$ 处，这两个效应应该相等。

现在利用条件 [式（6.13）] 得到一些重要参数对最优套期保值强度 $\phi_0^*$ 的影响。

（3）最优套期保值政策的性质。

第一，管理者防御和最优套期保值。本章的研究重点是检验管理者防御对最优套期保值强度选择的影响。管理者的最优套期保值选择要权衡"套期保值效应"收益和"流动性效应"成本。从式（6.10）可以算出，越是防御的管理者对现金流有越高的边际价值。本章定义：

$$E[MU_0(\phi_0 \mid C_0)] = \int V_1(C_1)\omega\left(C_1; \mu_1, \sigma_1^2\right) \mathrm{d}C_1 。$$

命题 3　管理者对 $C_1$ 的期望边际价值是随着防御程度 $\psi$ 严格递增的。

由命题 3 可得，从边际上讲，越是防御的管理者，套期保值强度的净期望收益越高。因此，最优套期保值强度选择随防御强度的提高而提高。

定理 1 最优套期保值强度 $\phi_0^*$ 与管理者防御是正相关的。

第二，管理者股份所有权和最优套期保值。管理者股份所有权 $\alpha_0$ 的变化对最优套期保值强度 $\phi_0^*$ 有两个潜在的影响。随着管理者清算收益份额的增加，关于未来现金流的期望边际价值也在增加，因而产生了套期保值边际收益，本书把它称为股份所有权效应。保持其他不变，股份所有权效应显示出 $\alpha_0$ 和 $\phi_0^*$ 之间有正相关关系；管理者股份所有权减少了关于过度投资的管理者道德风险，因此减少了管理者的套期保值收益，本书称其为激励效应。保持其他不变，激励效应显示出 $\alpha_0$ 和 $\phi_0^*$ 之间有负相关关系。

根据包络定理，激励效应二阶影响时，股份所有权效应是一阶影响。这是因为对于微小的扰动，激励效应包含了管理者最优投资政策对股份所有权扰动的响应。因此，得出命题4。

命题 4 最优套期保值强度 $\phi_0^*$ 与管理者股份所有权正相关。

第三，自由现金流和套期保值。与实践相同，在本书的模型中，套期保值需求是被减少未来现金流波动的愿望所驱动的。通过模型化动态的序列相关现金流，框架也讨论了其他议题，也就是当期现金流对最优套期保值政策的影响。

初步来看，这种相关性是不明确的，$C_0$ 有两个互相矛盾的影响。首先是现金流的持续效应，较高的 $C_0$ 会在 $t=1$ 期产生 $C_1$，如果没有套期保值，$C_1$ 的无条件期望是 $E[C_1]=C_0(\rho+R)$。保持其他不变，高的当期现金流导致低的高成本套期保值需求；相反，低的当期现金流导致高的套期保值需求。但是在另一方面，通常来说在相反的方向上又有财富效应，随着持有现金的增加，有筹资约束的公司可以支付更高的套期保值成本，因此套期保值更多。

如果套期保值成本函数在套期保值强度接近1时足够凸，初始现金流 $C_0$ 不太低，公司实施的最优套期保值政策不会面临筹资约束。在这种情况下，仅有持续效应发生作用。

命题 5 存在 $\bar{C}_0 > 0$，使最优套期保值强度 $\phi_0^*$ 与有效净现金流 $C_0$ 对于所有 $C_0 > \bar{C}_0$ 正相关。

命题5对于检验套期保值需求与现金流之间的相关性的实证设计有显著的意义。很显然，保持其他不变，当期套期保值强度与未来现金流之间有正相关关系，命题 5 也说明套期保值强度与当期现金流是负相关关系。套期保值头寸的时机选择与现金流的实现在实证研究中是非常重要的，本书的实证分析将设法小心地处理这个议题。

第四，现金流风险和最优套期保值。最后，本书的模型也指出了最优套期保值强度和现金流固有风险 $\sigma_\varepsilon^2$ 之间是正相关的。现有文献中现金流风险和套期保值的联系通常是间接获得的，例如，通过把现金流与违约可能性或外部资金成本相关联去获得。

命题 6　最优套期保值强度 $\phi_0^*$ 与现金流固有风险 $\sigma_\varepsilon^2$ 是正相关的。

## 6.2.2 研究假设

高阶管理理论认为，企业高管的人口统计学特征可以有效解释和预测企业的管理结果。与个人特质相关的人口统计学特征，如年龄、职位任期、工作阅历、受教育程度、社会地位和经济境况等，尽管不是非常全面、准确的信息，但仍然可以作为战略决策者认知模式的表达手段（李金早和许晓明，2008）。因此，本研究选择管理者年龄、学历、任期、预期转换工作成本、专业和经历这几项人口统计特征来研究其与套期保值的相关性。

### 6.2.2.1 管理者年龄、管理者防御和套期保值

管理者的年龄反映了其保守还是激进，决定了其对风险的态度（伊顿和罗森，1983）。一般认为，随着年龄的不断增长，管理者会逐渐把精力重点放在保护职业的安全之上，因此更加保守，倾向于采取风险小的投资决策以保证其职位安全。年龄大的管理者处于个人职业生涯的最后阶段，职业安全性和收入安全性问题对于其显得更重要。特别越是临近退休的管理者，人力资本流动性越差，越是没有积极性离开现有职位去寻找新的工作。在管理者临近职业生涯的最后阶段，保证了职业和职位的安全、稳定，也就可以在离休后继续保持已经形成的生活消费习惯和良好的社交圈子，因此，要竭力避免损害职业安全的有风险的决策和行为（伊顿和罗森，1970）。而年轻的管理者为了提高自己的声誉敢于做出高风险决策和行为，工作动机趋于寻找更高的上升通道或更满意的工作，同时，不太在意工作的流动性，因此固守职位程度低。

因此，本研究提出假设1：管理者年龄越大，管理者防御程度越高，越倾向于套期保值。

#### 6.2.2.2 管理者学历、管理者防御和套期保值

根据斯宾塞（1973，1974）的研究，能力差的管理者比能力强的管理者教育成本更高（如时间），如果情况如此，教育水平可视为每个管理者能力（生产力）的信号，能力强的管理者比能力差的管理者更容易获得该信号（教育）。在我国的实践中，也把学历看作说明管理者能力的一个很重要的指示器，会用学历的高低区分不同能力的管理者。再则，许多企业以"人才储备"战略的名义招募了大量高学历人才，将来需要管理者时，极可能从中选拔，所以高学历管理者更容易获得新的职位，固守职位的倾向较低；而低学历管理者即使能力再强，可能连参与竞争的机会都没有，因此，对于低学历的管理者来说，一旦得到职位，便会异常珍惜并想方设法保住职位，职位固守的倾向也就较高。

因此，本研究提出假设2：管理者学历越低，管理者防御程度越高，越倾向于套期保值。

#### 6.2.2.3 管理者任期、管理者防御和套期保值

管理者在位时间越长，对公司的控制力越强，董事会对其的监督越弱，管理者的行为也就更加自利（伯杰等，1997）。管理者的组织影响力随着任职时间的增长而加强，在任职早期，管理者的组织影响力较弱，只是到了后期，其组织影响力才变得越来越强。因为随着任期时间的加长，管理者对企业资源、运作方式、技术和企业文化不但更加熟悉，也进行了具有管理者特色的改造或建设，意味着管理者组织权力越来越大。管理者权力越大的企业，管理者进行利益侵占的可能性就越大。

另一方面，任期越长，管理者对自己在企业中的地位越具有信赖心理，更在意职业稳定、收入稳定和福利稳定，认识结构也就越僵化，满足现状，预期转换工作成本增大。所以，任职时间越长，管理者的控制权收益越高，个人也更加不愿舍弃现有职位。

因此，本研究提出假设3：管理者任期越长，管理者防御程度越高，越倾向于套期保值。

### 6.2.2.4 管理者预期转换工作成本、管理者防御和套期保值

根据吉尔森（1989）对美国财务状况恶化公司的高级管理者离职情况的研究，在所有的 381 个样本中，均显示管理者离职后会发生很高的个人转换工作成本，其中有 52%的样本公司由于负债违约或破产，管理者遭到替换，被撤换后平均三年未能找到合适的工作。因此，对于管理者来说，解雇和撤换会使自身发生很大的福利损失，具有很高的人力资本风险。由于人力资本的特殊性，这种风险是不可分散的，所以一旦有机会，管理者就会利用公司的资源来进行自利的降低不可分散的雇佣风险的行为，巩固现有职位。

因此，本研究提出假设 4：管理者预期转换工作成本越大，管理者防御程度越高，越倾向于套期保值。

### 6.2.2.5 管理者专业、管理者防御和套期保值

管理者所具备的知识通用性越强，其转换工作成本越低；所具备知识通用性越差，转换工作的成本也就越高。管理专业背景的管理者，其知识通用性强，因此转换工作的成本较低；而工科专业背景的管理者，其知识通用性差，因此转换工作的成本较高；既有管理专业背景又有工科专业背景的管理者，转换工作的成本介于二者之间。所以，我们认为具有工科专业背景的管理者的管理者防御程度最高，既有管理专业背景又有工科专业背景的管理者的管理者防御程度次之，管理专业背景的管理者的管理者防御程度最低。

因此，本研究提出假设 5：管理者的专业背景越偏向工科，管理者防御程度越高，越倾向于套期保值。

### 6.2.2.6 管理者任职经历、管理者防御和套期保值

管理者的任职经历是指管理者工作过的行业数目及该管理者在某行业中担任过的不同职能角色的平均数目，它反映了管理者的工作经验情况。管理者的任职经历越多，说明管理者拥有越丰富的工作经验，转换工作也越容易，固守现有职位的动机就不如任职经历贫乏的管理者强烈。管理者的任职经历越少，管理者拥有的管理经验就越少，转换工作就越难，管理者就有更强烈的巩固现有职位的动机。

因此，本研究提出假设 6：管理者的任职经历越少，管理者防御程度越高，越倾向于套期保值。

## 6.3 研究设计

### 6.3.1 样本选取与数据来源

样本选取与数据来源与第四章相同。

### 6.3.2 变量定义

#### 6.3.2.1 套期保值

确定套期保值者时，考虑到中国衍生品市场并不是很发达，上市公司对套期保值披露的信息十分有限的现状，中国上市公司套期保值数据的具体、详细信息很难获得，因此选择用离散性指标度量公司的套期保值。具体做法是在研究样本年报中手工搜索套期保值、套期工具、衍生品、期货和期权等关键字段，如年报中发现以上关键字段，再考察是否发生该业务，如发生该业务，并且该业务符合我国会计准则对套期保值者的界定，则确定套期保值者。当公司为套期保值者时赋值为1，否则为0。

#### 6.3.2.2 管理者年龄

本研究把管理者的年龄分为三个等级：45岁以下，45岁至55岁（包括45岁），55岁以上（包括55岁）。将这三个等级分别赋值：45岁以下为0，45岁至55岁（包括45岁）为1，55岁以上（包括55岁）为2。赋值越大，管理者防御倾向越高。

#### 6.3.2.3 管理者学历

本研究将管理者的学历分为三个等级：专科及专科以下、本科、硕士及硕士以上。将这三个等级分别赋值：专科及专科以下赋值为2，本科赋值为1，硕士及硕士以上赋值为0。赋值越大，管理者防御倾向越高。

#### 6.3.2.4 管理者任期

对于管理者任职期限，本研究以3年为界，任职期限小于3年赋值为0，任职期限大于等于3年赋值为1。赋值越大，管理者防御倾向越高。

#### 6.3.2.5 管理者预期转换工作成本

管理者预期转换工作成本既包括货币成本，也包括非货币成本。其中，非货币成本主要是心理因素，如失去原有职位的声誉损失、寻找新工作的失落感以及熟悉新工作付出的努力等，很难准确地度量出来。因此，本研究根据陈冬华、陈信元、万华林（2005）的研究，选择管理者现有职位报酬加上在职消费作为管理者预期转换工作成本，管理者的现有职位报酬加上在职消费越大，失去现有职位后的损失也越大，预期转换工作成本也就越大。本研究将现有职位报酬加上在职消费与样本平均数进行比较，大于平均数的，赋值为1；小于平均数的，赋值为0。赋值越大，管理者防御倾向越高。

### 6.3.2.6 管理者专业

本研究将管理者专业背景分为三类：管理、工科加管理、工科。将这三个类别分别赋值：管理为0，工科加管理为1，工科为2。赋值越大，管理者防御倾向越高。

### 6.3.2.7 管理者任职经历

本研究将管理者从事过的行业数目分为两类：大于等于3的和小于3的。将这两个类别分别赋值：大于等于3的赋值为0，小于3的赋值为1。赋值越大，管理者防御倾向越高。

具体解释变量定义见表6-1。

表 6-1　变量及变量定义

| 变量 | 符号 | 定义 |
|---|---|---|
| 管理者年龄 | age | 小于45岁赋值为0,45~55岁赋值为1,大于55岁赋值为2 |
| 管理者学历 | degree | 专科及专科以下赋值为2,本科赋值为1,硕士及硕士以上赋值为0 |
| 管理者任期 | tenure | 小于3年赋值为0,大于等于3年赋值为1 |
| 管理者预期转换工作成本 | relocation cost | 大于平均数赋值为1,小于平均数赋值为0 |
| 管理者专业 | specialty | 管理背景赋值为0,工科加管理背景赋值为1,工科背景赋值为2 |
| 管理者任职经历 | experience | 大于等于3赋值为0,小于3赋值为1 |

### 6.3.3 模型设计

为检验以上假设，构建如下 logit 模型：

$$\log \frac{P_{it}}{1-P_{it}} = \beta_1 + \beta_2 \text{age}_{it} + \beta_3 \text{degree}_{it} + \beta_4 \text{tenure}_{it} + \beta_5 \text{relocation cost}_{it} +$$

$$\beta_6 \text{specialty}_{it} + \beta_7 \text{experience}_{it} + e_{it}$$

式中：age 是管理者年龄代理变量；degree 是管理者学历代理变量；tenure 是管理者任期代理变量；relocation cost 是管理者预期转换工作成本变量；specialty 是管理者专业代理变量；experience 是管理者任职经历代理变量。

## 6.4 实证结果

### 6.4.1 变量描述性统计和相关性

表 6-2 和表 6-3 分别列示了变量描述性统计信息和变量间相关性信息。可以看到，年龄代理变量的均值为 0.74，说明大部分管理者的年龄在 45 岁至 55 岁之间；学历代理变量的均值为 0.66，说明大部分管理者的学历是本科及本科以上；任期代理变量的均值为 0.48，说明大部分管理者的任期是 3 年以下；转换工作成本代理变量的均值是 0.38，说明大部分管理者的转换工作成本小于平均值；专业背景代理变量的均值为 1.47，说明大部分管理者拥有工科背景；任职经历代理变量的均值为 0.92，说明大部分管理者从事过的行业数目不大于 3。

从表 6-3 可以看到，解释变量的两两相关程度并不高，最高的是管理者专业和管理者任职经历代理变量，相关系数为 0.351，所以，可以判定各变量之间并不存在显著的共线性，可以采用我们的回归模型进行检验。

表 6-2　变量描述统计

|  | N | 极小值 | 极大值 | 均值 | 标准差 |
|---|---|---|---|---|---|
| age | 319 | 0 | 2 | 0.74 | 0.604 |
| degree | 318 | 0 | 2 | 0.66 | 0.677 |
| tenure | 319 | 0 | 1 | 0.48 | 0.500 |
| relocation cost | 314 | 0 | 1 | 0.38 | 0.487 |
| specialty | 297 | 0 | 3 | 1.47 | 0.784 |
| experience | 310 | 0 | 1 | 0.92 | 0.273 |
| 有效的 N（列表状态） | 291 |  |  |  |  |

表 6-3 变量相关性统计

| | | age | degree | tenure | relocation cost | specialty | experience |
|---|---|---|---|---|---|---|---|
| age | Pearson 相关性 | 1 | 0.065 | 0.079 | 0.039 | 0.245** | 0.169** |
| | 显著性（双侧） | | 0.246 | 0.161 | 0.492 | 0 | 0.003 |
| | N | 319 | 318 | 319 | 314 | 297 | 310 |
| degree | Pearson 相关性 | 0.065 | 1 | 0.077 | −0.145* | 0.178** | 0.118* |
| | 显著性（双侧） | 0.246 | | 0.169 | 0.010 | 0.002 | 0.038 |
| | N | 318 | 318 | 318 | 313 | 296 | 309 |
| tenure | Pearson 相关性 | 0.079 | 0.077 | 1 | 0.086 | −0.077 | 0.064 |
| | 显著性（双侧） | 0.161 | 0.169 | | 0.130 | 0.183 | 0.262 |
| | N | 319 | 318 | 319 | 314 | 297 | 310 |
| relocation cost | Pearson 相关性 | 0.039 | −0.145* | 0.086 | 1 | −0.040 | −0.133* |
| | 显著性（双侧） | 0.492 | 0.010 | 0.130 | | 0.501 | 0.020 |
| | N | 314 | 313 | 314 | 314 | 292 | 305 |
| specialty | Pearson 相关性 | 0.245** | 0.178** | −0.077 | −0.040 | 1 | 0.351** |
| | 显著性（双侧） | 0 | 0.002 | 0.183 | 0.501 | | 0 |
| | N | 297 | 296 | 297 | 292 | 297 | 297 |
| experience | Pearson 相关性 | 0.169** | 0.118* | 0.064 | −0.133* | 0.351** | 1 |
| | 显著性（双侧） | 0.003 | 0.038 | 0.262 | 0.020 | 0 | |
| | N | 310 | 309 | 310 | 305 | 297 | 310 |

注：* 在 0.05 水平（双侧）上显著相关；** 在 0.01 水平（双侧）上显著相关。

### 6.4.2 回归分析——初步分析

Logit 多元回归结果见表 6-4。从表中我们可以看出，只有任职期限和转换工作成本与套期保值的关系与我们的假设显著一致，其他管理者特征与套期保值的关系要么不显著，要么负相关，任职经历甚至出现了显著负相关的结果。出现这一现象的原因是，一个管理者是否是防御的，应该是管理者各种特征综合作用的结果，而不单单是某一方面特征作用的结果。一个某一方面特征特别倾向于防御的管理者，可能其他方面的特征是防御程度很低的，这样综合来看，这个管理者很可能就是管理者防御程度较低的管理者，然而，只用某一方面特征检验的结果却是这个管理者的管理者防御程度较高。所以，为了解决这个问题，下面建立一个说明管理者防御程度的指数，用以综合表达管理者防御的程度。

表 6-4 多元统计回归结果

| VARIABLES | (1) m_m | (2) m_m_soe | (3) m_m_nsoe |
|---|---|---|---|
| age | -0.109 | -0.292 | 0.124 |
| | (0.216) | (0.295) | (0.360) |
| degree | 0.123 | 0.258 | -0.159 |
| | (0.189) | (0.275) | (0.312) |
| tenure | 0.624** | 0.882*** | 0.493 |
| | (0.254) | (0.333) | (0.438) |
| relocationcost | 0.477* | 0.924*** | 0.00946 |
| | (0.265) | (0.345) | (0.482) |
| specialty | -0.0138 | 0.235 | -0.175 |
| | (0.173) | (0.214) | (0.378) |
| experience | -1.978** | 0 | -1.351 |
| | (0.790) | (0) | (0.871) |
| Constant | 1.811** | -1.027** | 2.129** |
| | (0.772) | (0.507) | (0.837) |
| r2_p | 0.053 | 0.069 | 0.052 |
| chi2 | 20.958 | 16.696 | 7.374 |
| N | 291 | 174 | 117 |

注：* p<0.1, ** p<0.05, *** p<0.01。

### 6.4.3 基于管理者防御指数的分析

本部分，首先利用李秉祥、曹红和薛思珊（2008）的方法建立管理者防御指数。

由于经理管理者防御程度量化涉及的因素比较多，仅仅依靠评价主体所做的定性分析和逻辑判定，而不进行定量分析，很难得到一个较为准确的评价。加之，经理管理者防御程度的量化又有很大的不确定性，也难以做出精确的定量分析。因此，我们采用改进的层次分析法（IAHP）来确定指标权重。由于这种方法同时研究了专家组意见的集中性和判断的一致性，因此求得的指标权重具有较高的可信度。

设某个多目标评价或决策问题 $m$ 个指标，组成集合 $G=\{G_1, G_2, \cdots,$

$G_m$} 和专家集 $S=\{S_1,\ S_2,\ \cdots,\ S_m\}$，$(m,\ r\geqslant1)$。由 $S$ 中各专家对 $G$ 中各指标权重进行综合评估，评估采用两两比较的方法，专家集 $S$ 中任意一个专家 $S_k$ 对 $G_i$ 和 $G_j$ 互相比较，构造"比较矩阵"：

$$D^{(k)}=[d_{ij}^{(k)}]_{mn}$$

$$d_{ij}^{(k)}=\begin{cases}2,\text{指标 }G_i\text{ 比 }G_j\text{ 重要}\\1,\text{指标 }G_i\text{ 与 }G_j\text{ 同样重要}\\0,\text{指标 }G_i\text{ 没有 }G_j\text{ 重要}\end{cases}$$

式中：$d_{ij}^{(k)}=1$，即目标 $G_i$ 与自身比较，其重要性相同。

然后利用重要程度排序指数 $r_j^{(k)}$ 构造判断矩阵：

$$A^{(k)}=[a_{ij}^{(k)}]_{mm}$$

$$r_j^{(k)}=\sum_{j=1}^{m}d_{ij}^{(k)}\quad i=1,\cdots,\ m;\quad k=1,\cdots,r$$

式中：

$$a_{ij}^{(k)}=\begin{cases}r_i^{(k)}-r_j^{(k)},r_i^{(k)}>r_j^{(k)}\\1,r_i^{(k)}=r_j^{(k)}\\\left[r_j^{(k)}-r_i^{(k)}\right],r_i^{(k)}<r_j^{(k)}\end{cases}$$

显然 $A^{(k)}$ 是互反阵，$B^{(k)}=\left[b_{ij}^{(k)}\right]_{mm}=\lg A^{(k)}=\left[\lg a_{ij}^{(k)}\right]_{mm}$ 是反对称阵。若以 $\sigma_{ij}$ 表示专家评价的总体标准差，则有：

$$\sigma_{ij}=\sqrt{\frac{1}{r-1}\sum_{k=1}^{r}\left[b_{ij}^{(k)}-\frac{1}{r}\sum_{k=1}^{r}b_{ij}^{(k)}\right]^2}$$

根据 $\sigma_{ij}$ 的计算结果，可有以下两种情形：

（1）若 $\sigma_{ij}$ 均小于 1，可以认为专家组的意见较为统一，此时用专家判断值的算术平均值作为群组判断的结果，即

$$B=[b_{ij}]_{mn}$$

式中

$$b_{ij}^{(k)}=\frac{1}{r}\sum_{k=1}^{r}b_{ij}^{(k)}\quad i,j=1\cdots,\ m$$

它不一定具有一致性,因此构造矩阵

$$A^* = 10^{\quad c_{ij} \quad \frac{1}{m}\sum\limits_{i=1}^{m} (b_{ij} - b_{ji})} = 10$$

由方根法求得 $A^*$ 的最大特征值对应的向量即为各指标的权重 $W' = (w'_1, \cdots,$ $w'_m)$, 归一化后得到标准权重 $W = (w'_1, \cdots, w'_m)$, 其中 $w_i = \dfrac{w'_i}{\sum\limits_{k=1}^{m} w'_k}$, 它即各指标的标准权重。

(2) 若 $\sigma_{ij} \geqslant 1$, 则表明专家的意见分歧较大,此时不能简单地用各专家判断值的算术平均作为群组判断的结果,可用最优传递矩阵法计算。即求得使 $J = \sum\limits_{i=1}^{m} \sum\limits_{j=1}^{m} \sum\limits_{k=1}^{m} \left[ b_{ij} - b_{ij}^{(k)} \right]^2$ 最小的最优传递阵, $B = [b_{ij}]_{mn}, b_{ij} = \dfrac{1}{mr} \sum\limits_{l=1}^{m} \sum\limits_{k=1}^{r} \left[ b_{il}^{(k)} - b_{ij}^{(k)} \right]^2$ $(i, j = 1, \cdots, m)$, 令 $C = [d^{b_{ij}}]_{mn} = [c_{ij}]_{mn}$, 其中 $a$ 是相邻两级评语的客观重要比率。矩阵 $C$ 就是所求的群组比较判断矩阵,它是一致的,可参照情形 (1) 求出指标权重。

用上述方法求得各指标对上一层的权重后,再由层次总排序即可求出最底层对第一层 (目标层) 的权重,归一化后即得到标准权重。

对经理管理者防御指数进行测算时,使用的是综合评分分析法。综合评分分析法的基本评价模型,一般采用简单线性加权法,其具体计算公式可表示为:

$$\text{MEI} = \beta_1 \text{age} + \beta_2 \text{education} + \beta_3 \text{tenure} + \beta_4 \text{relocation cost} + \beta_5 \text{specialty} + \beta_6 \text{experience}$$

式中:MEI (Managerial Entrenchment Indicator) 代表经理管理者防御指数, $\beta_i$ 表示各指标的权重。

最后,李秉祥、曹红和薛思珊(2008)邀请有关专家对各指标进行了两两对比评价,再按照上述方法计算出各个评价因素对应的权重为 $W = (0.139, 0.092, 0.171, 0.283, 0.114, 0.201)$。我们在本研究中使用其已计算出的权重,计算每个观察值的管理者防御指数,该指数越大,管理者防御程度越重。

我们重新建立检验套期保值与管理者防御相关性的模型:

$$\log \frac{P_{it}}{1 - P_{it}} = \beta_1 + \beta_2 \text{MEI}_{it} + Y_{it} + e_{it}$$

式中:MEI 为管理者防御指数; $Y$ 为基于公司价值最大化的代理变量。

检验结果如表 6-5 所示，从结果可以看出，所有样本的管理者防御指数与套期保值都呈显著正相关关系，即随着管理者防御程度的增强，使用套期保值的倾向也在提高。这样就验证了在理论分析部分的分析结果——最优套期保值强度与管理者防御是正相关的。从所有制形式来看，国有企业样本管理者防御与套期保值的正相关关系比全样本更加显著，非国有企业样本管理者防御与套期保值是负相关关系，但并不显著。从中可以看出，之所以全样本管理者防御与套期保值呈现显著的正相关关系，国有企业样本是主要原因。所以说，国有企业管理者是基于管理者防御原因实施套期保值的主要推动者。

在加入相关的公司价值最大化假设变量后，如模型(5)所示，结果并没有发生质的变化，证明了国有企业管理者的管理者防御与套期保值高度相关。

表 6-5　管理者防御指数与套期保值回归结果

| VAR | (1) mei_s | (2) mei_ssoe | (3) mei_snsoe | (4) mei_mul | (5) mei_mulsoe | (6) mei_mulnsoe |
|---|---|---|---|---|---|---|
| mei | 0.768* | 2.381*** | −0.342 | 0.765 | 2.561*** | 0.0410 |
|  | (0.461) | (0.692) | (0.722) | (0.495) | (0.778) | (0.873) |
| longlev |  |  |  | 1.621** | 3.382*** | 0.263 |
|  |  |  |  | (0.694) | (1.113) | (0.643) |
| tloss |  |  |  | −0.465 | 0.0209 | −0.121 |
|  |  |  |  | (0.438) | (0.537) | (1.203) |
| cflow |  |  |  | −0.0129 | −0.0538 | 0.0207 |
|  |  |  |  | (0.0620) | (0.105) | (0.0840) |
| expen |  |  |  | −1.158 | 7.409** | −7.729** |
|  |  |  |  | (1.992) | (3.281) | (3.113) |
| Constant | −0.229 | −1.703*** | 0.971* | −0.425 | −3.034*** | 1.308** |
|  | (0.334) | (0.522) | (0.500) | (0.405) | (0.711) | (0.600) |
| r2_p | 0.006 | 0.048 | 0.001 | 0.03 | 0.12 | 0.064 |
| chi2 | 2.81 | 12.902 | 0.226 | 11.969 | 30.773 | 8.922 |
| N | 319 | 194 | 125 | 295 | 185 | 110 |

注：* $p<0.1$，** $p<0.05$，***$p<0.01$。

### 6.4.4 套期保值与过度投资——基于管理者防御角度

我国的国有企业，对管理者的薪酬上限有严格的限制，国有企业管理者持股现象也极少，或即使持股，数量也极少，根本起不到激励作用，所以，国有企业管理者的经济获益主要来自在职消费、利益输送等行为。陈冬华、陈信元和万华林（2005）指出，国有企业薪酬管制的存在，不仅降低了薪酬作为经理人激励契约安排的效率，还从另外一个方面诱发了高激励成本的在职消费的增加，对公司价值造成了双重的负面影响。经验证据表明，我国上市公司在职消费主要受企业规模等因素影响。另一方面，基于业绩的薪酬安排既然无法有效实施，替代的制度安排可能就会应运而生，需要采取以行政为依归的激励措施，譬如政治晋升等。而国有企业管理者政治晋升的途径之一便是"做大"企业。因此，从以上分析中可以看出，不论是为了获取经济利益，还是为了获取政治利益，管理者都有扩大企业规模的动机，而这种动机并不是以公司价值为出发点的。为了减少外界不确定性因素对投资所需现金流的冲击，防御的国有企业管理者有动机进行套期保值。

为了验证以上推断，我们建立下列模型进行检验：

$$\log \frac{P_{it}}{1-P_{it}} = \beta_1 + \beta_2 \text{MEI}_{it} + \beta_3 \text{Expen}_{it} + Y_{it} + e_{it}$$

式中：MEI 为管理者防御指数；Expen 为投资支出代理变量，Expen=资本支出/总资产（资本支出为购建固定资产、无形资产和其他长期资产支付的现金）。

检验结果见表 6-6，从表中可以看出，对于全部样本来说，结果并不显著，并且套期保值与投资现金需求是负相关关系。但分所有制检验后，结果大不相同，国有企业套期保值与投资现金需求显著正相关，非国有企业套期保值与投资现金需求显著负相关。从中可以看出，由于非国有企业管理者的管理者防御与套期保值相关性很弱，因此投资现金需求并不依靠套期保值来保证，而国有企业有非常强烈的投资现金需求，就要用套期保值来保证其所需的投资现金。

表 6-6　分所有制回归结果

| VAR | (1)<br>mei_s | (2)<br>mei_ssoe | (3)<br>mei_snsoe | (4)<br>mei_mul | (5)<br>mei_mulsoe | (6)<br>mei_mulnsoe |
|---|---|---|---|---|---|---|
| mei | 0.768* | 2.381*** | −0.342 | 0.742 | 2.242*** | −0.688 |
| | (0.461) | (0.692) | (0.722) | (0.493) | (0.750) | (0.788) |
| longlev | | | | 1.621** | 3.496*** | 0.283 |
| | | | | (0.691) | (1.112) | (0.598) |
| tloss | | | | −0.412 | −0.290 | 0.425 |
| | | | | (0.428) | (0.512) | (1.182) |
| cflow | | | | −0.015 9 | −0.019 4 | 0.001 60 |
| | | | | (0.062 1) | (0.104) | (0.082 8) |
| Constant | −0.229 | −1.703*** | 0.971* | −0.505 | −2.257*** | 1.035* |
| | (0.334) | (0.522) | (0.500) | (0.381) | (0.600) | (0.568) |
| r2_p | 0.006 | 0.048 | 0.001 | 0.029 | 0.099 | 0.016 |
| chi2 | 2.81 | 12.902 | 0.226 | 11.632 | 25.449 | 2.226 |
| N | 319 | 194 | 125 | 295 | 185 | 110 |

注：　* p<0.1, ** p<0.05,*** p<0.01。

## 6.5 本章小结

本章首先基于所有权和控制权分离的条件对套期保值行为进行了理论分析。本章认为，在所有权和控制权分离的条件下，股东与管理者的目标函数不同，尤其在我国目前国有企业所有者缺位、对管理者监管不力和目标多元化的情况下，管理者防御更加严重。由于国有企业管理者薪酬相对不高、相对固定，同时几乎不持有本企业股份，因此，工资性和股票激励在国有企业中几乎不起作用，对管理者的激励主要是职位的提升和与职位相对应的在职消费等收入，只有经营更大规模的企业，才能获得职位的提升和实现更多的收入。所以管理者有很强的积极性去进行"帝国建造"。而外部冲击会影响到进行"帝国建造"资金的筹集，并且如果现金流是序列相关的，这种影响更大，对企业扩大规模的资金损害将是永久的，所以管理者有积极性进行套期保值去减少现金流的波动，减轻对企业扩建所需资金的损害。所以，本章证明了套期保值与管理者防御是正相关的，同时，套期保值与企业的现金流风险也是正相关的。

其次，本章对管理者防御的度量进行了探讨，采用管理者年龄、管理者学历、管理者任期、管理者预期转换工作成本、管理者专业和管理者任职经历六个指标来度量管理者防御的程度。基于本章的假设，把这六个指标对套期保值进行回归以检验套期保值与管理者防御的相关性。为了更科学地度量管理者防御，本章采用李秉祥、曹红和薛思珊（2008）的方法建立管理者防御指数对管理者防御进行度量，并用计算的管理者防御指数来检验管理者防御与套期保值的相关性，验证了本章的假设。

最后，本章检验了套期保值与投资支出之间的相关性，也验证了本章的理论分析的正确性。

# 7 基于管理者防御的套期保值效应的研究——套期保值与管理者变更

管理者防御形成壁垒,意味着管理者不受公司治理和控制机制约束,或者利用公司资源制造出迎合公司治理和控制机制状态,使自己受益而公司受损,管理者追求自身利益最大化成为可能。管理壁垒效应直接表现为对管理者变更的影响,因此,本章在前文研究的基础上,对我国上市公司管理者进行管理者防御形成壁垒,然后利用套期保值为自己谋利,从而达到影响管理者变更效应进行实证检验。

## 7.1 引言

作为管理者防御的工具之一——套期保值可以减缓外部冲击对企业现金流的负面影响,减少公司利润出现负数的可能性,公司的业绩考核一般是以利润为基础和核心的,如果利润指标不佳,管理者很可能不能通过考核。本书在前面的论述中已经谈到,管理者的管理者防御要最大化自身效用,而最大化自身效用的前提是在位,也就是管理者要想方设法保住自己的职位,不良的业绩会威胁到管理者的职位安全。一方面,管理者会努力工作,提升公司业绩;另一方面,如果管理者不会因损人利己的行为而受到惩罚,那么管理者就会有"利用欺骗的手段进行自利"的行为(威廉姆森,1975)。套期保值是管理者进行利润管理的工具之一,套期保值提升公司价值的前提是套期保值的成本小于进行套期保值所带来的收益,但无论套期保值的成本大于还是小于套期保值的收益,都会把利润从一种状态"挪到"另一种状态,这就给管理者提供了机会,管理者可以把利润从较好的状态"挪到"亏损的状态,从而消灭了亏损,通过了业绩考核,保住了职位。然而,当套期保值的成本大于套期保值的收益时,公司价值会蒙受损失。在所有者缺位或监控较弱，或者分辨不出管理者套期保值究竟是为提升公司价值还是自利，或者无力撤换自利的管理者，或者监控者本人也是代理人，具有与管理者相同的利益的情况下，都可能发生有损公司价值的套期保值。所以，本研究的目的是考查防御的管理者进行套期保值是否可以减少被变更的可能性。

本章的结构安排如下：第二部分是理论分析与研究假设，从理论上分析公司业绩与管理者变更的相关性，然后分析加入套期保值后对公司业绩与管理者变更敏感性的影响，并提出相关假设；第三部分是研究设计，说明样本选取、数据来源与变量定义；第四部分是实证结果，分别从描述性统计、单变量分析和回归分析等方面对样本进行分析和研究并得出相关结论；第五部分是结论。

## 7.2 理论分析与研究假设

### 7.2.1 公司业绩与管理者变更

无论是国外的研究，还是国内的研究，均认为管理者的变更，除却退休、健康状况等个人原因外，主要的原因是公司业绩表现不佳，同时，内外部的公司治理环境也会影响公司业绩对管理者变更的敏感性。

公司业绩是管理者投融资决策和经营决策的直接结果，以公司业绩作为管理者绩效的度量，决定管理者升迁、降职和任免有其内在的合理性。叙沙尔等（2001）通过对澳大利亚的上市公司进行研究发现，CEO 变更与公司不良业绩之间存在显著相关性，这一点与美国和英国上市公司相同，因为美国和英国的上市公司的董事会结构和公司管理行为类似，所以美国和英国的上市公司中，公司业绩与 CEO 变更也都存在显著的负相关性，但澳大利亚上市公司的业绩对 CEO 变更有一个滞后效应，而美国和英国上市公司的业绩对 CEO 变更的影响当期就会表现出来。赫森等（2004）以高管离职的前三年至前一年作为时间窗口，发现未调整的资产营运回报率、经行业调整和控制组调整的资产营运回报率等指标显著降低。布鲁内洛等（2003）以1988至1996年间在意大利股票交易所交易的60家私有企业为样本，研究了代表控股股东利益的内部人主导董事会的公司，发现在控股股东或其代理人不担任 CEO 时，CEO 变更与公司业绩存在显著的负相关关系。除以上研究外，莱克和扎洛莫（2000）、丹尼斯和德尼（1995）等诸多研究都认为高管变更与公司业绩存在显著的负相关关系。

再看中国制度背景下的研究状况，加藤和朗（2006）以中国上市公司为样本研究发现，公司业绩与总经理变更存在显著的负相关关系。公司业绩与总经理变更无论在经济上还是在统计上的相关性，都随着控股股东持股份额的增加而越来越显著。弗思等（2006）对中国的上市公司进行研究后，也得出了基本相同的结论。弗思等发现，中国的上市公司高管变更与公司业绩之间的关联度很高，而与股价回报的关联度很小，同时，高管变更与公司业绩之间的关联度在公司主要股东是法人机构的情况下更大。

另外，现有的很多研究在评价公司业绩时，考虑的不仅仅是公司的绝对业绩，还要考虑公司所处行业的相对业绩。德丰和帕克（1999）的研究发现，在竞争性行业中，CEO 变更得更频繁，因为在竞争性行业中，董事会不只考查公司本身的业绩，还要把公司与行业内的其他公司进行对比，以考查 CEO 的相对绩效。珍特和迦南（2006）也发现，当全行业不景气时，业绩表现不如其他公司的公司 CEO 更容易变更。

对于公司业绩的衡量，主要是采用会计业绩和股价表现两个指标。赫曼琳和斯巴赫（1998）的实证研究发现，会计指标与高管变更的相关性要好于公司股价与高管变更的相关性。郑、杰克和唐（2008）的研究发现，国有企业高管变更与包括营运管理财务开支在内的循环利润负相关，私有企业的高管变更与核心赢利有关。张和王（2009）认为，亏损时，变更前的利润水平与高管变更负相关；赢利时，变更前的利润水平与高管变更却是正相关的。

一些学者经过研究发现，高管变更除受到公司业绩的影响外，还与公司的股本结构和董事会特征有关。丹尼斯等（1997）经过研究发现，在控制公司业绩之后，高管变更与高管持股比例负相关，与存在外部大股东正相关。相对于小股东，大股东有更大的积极性去监控高管人员，因此，在其业绩不佳时，相对于不存在大股东的公司，存在大股东的公司高管更易变更。戈亚尔和帕克（2001）认为，CEO 与董事长二职合一公司的高管更不易变更，因为二职合一会削弱内部控制机制的作用，高管的权力过大，疏于监控，高管自己雇用自己、自己监督自己，降低了高管因业绩不佳而被解聘的概率。韦斯巴赫（1988）发现，在内部人控制董事会的情况下，高管变更与公司业绩之间相关性较低。弗思等（2006）研究了中国的上市公司后认为，高管变更受董事会中外部股东比例、是否是国有企业以及是否存在控股股东等因素的影响。

实践中，我国自 2010 年起施行的《中央企业负责人经营业绩考核暂行办法》规定，中央企业负责人的年度经营业绩考核的基本指标包括利润总额和经济增加值。可以看出，业绩指标是考核管理者绩效的主要度量标准，必然对管理者的变更起着重要的作用。

基于以上分析，提出以下假设：

假设 1：管理者更换的概率与公司的业绩负相关，与公司发生亏损正相关。

### 7.2.2 套期保值、公司业绩与管理者变更

我国企业管理者除承担业绩目标外，还承担了其他社会责任，有时其他指标的影响甚至超过了业绩指标的影响。管理者变更是各个指标综合作用的结果，而不仅仅是业绩使然，所以，只要业绩不是特别地差，就不会对其职位构成较大的威胁。而当业绩出现亏损时，业绩对职位的影响才举足轻重。因为，我国的相关证券法规规定，公司最近 3 年连续亏损，在其后一个年度内未能恢复赢利，将由证券交易所决定终止其股票上市交易；最近两年连续亏损，证券交易所将对主板上市的股票交易实行退市风险警示，即在公司股票简称前冠以 "*ST" 字样。由于我国的股票发行实行审批制度，"壳"是一种十分珍贵的资源，所以当公司业绩不佳，有可能出现亏损时，必然想方设法不让亏损发生。再则，如果公司被"ST"后，很有可能成为被并购的对象，如果公司被并购了，管理者离职的可能性很大。根据柳玉珍（2009）对 2000—2008 年 ST 上市公司的统计，358 家 ST 样本公司中有 232 家管理者发生变更，平均变更率为 65%，其中，董事长发生变更的 145 家，占管理者变更公司比重为 63%；总经理发生变更的 198 家，占管理者变更公司比重为 85%。而非财务困境上市公司管理者平

均变更率为 45%，明显低于财务困境公司。所以，不论从股东角度，还是从管理者角度，都将竭力避免亏损的发生。

根据前面的分析，防御的管理者在公司内、外部控制机制下，必然选择有利于维护自身职位并追求自身效用最大化的行为或策略。管理者防御的存在使得管理者会采取对自身有利但未必是最大化公司利益的策略，从而对组织运行产生冲击并且会危及股东利益。管理者在公司中拥有不可分散的控制权个人收益，如高额薪金、在职消费、转移公司资源获利等，管理者获得以上收益的前提是"在位"，失去了现有职位，一切私人收益都将化为乌有，而且管理者失去现有职位后转换工作的成本是十分巨大的，因此，管理者必然全力维护现有职位，避免被解雇或替换的发生。我国上市公司内部人控制问题比较严重，管理者拥有董事会授予的直接的契约决策权，实际上成为公司的掌控者。这使他们不但具有强烈的固守职位的动机，而且也有了固守职位的条件，必然极力维护现有的控制权地位，抑制剥夺其控制权事件的发生。当公司陷入财务困境后，管理者被替换的可能性明显提高，因此，防御的管理者必然千方百计、想方设法使公司免于陷入财务困境，即使股东和公司付出再大的代价也在所不惜。

套期保值是一种可以使公司免于陷入财务困境的很好的方法，套期保值可以减少公司利润的波动幅度，减小亏损的概率。套期保值投资组合可以在公司正常业务利润为负时，提供一个正的支付数额，使利润总额变正。如图 7-1 所示，我们现在假设有两种状态 $i$ 和 $j$。如果不进行套期保值，在状态 $i$ 公司利润总额 $TP_i<0$，概率为 $P_i$；在状态 $j$ 公司利润总额 $TP_j>0$，概率为 $P_j$；假设套期保值投资组合使得 $TP_i+H_i=TP_j+H_j>0$，并且套期保值投资组合是自筹资的，即 $P_iH_i+P_jH_j=0$，这样，公司就不会处于亏损的境地。但这样做的前提条件是套期保值投资组合是自筹资的，不会给公司带来成本的增加，或者即使有成本，也不能超过套期保值投资组合所带来的好处，否则只能使股东价值受损。但无论套期保值投资组合的成本是否超过其所带来的好处，管理者都会从中获益，如果发生损失，则由股东来承担。可以看到，通过进行套期保值，公司亏损的可能性下降了，公司因亏损而被"ST"的可能性降低了，公司管理者因公司被"ST"而受到惩罚的可能性也降低了。

税前利润

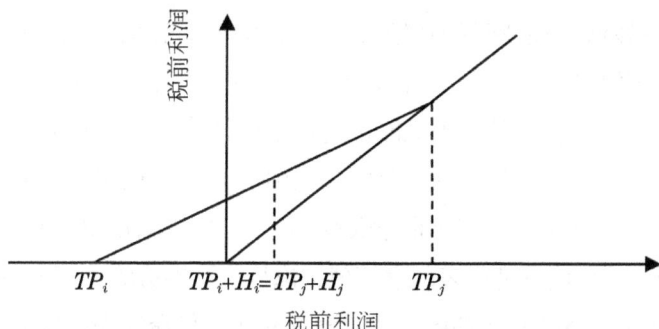

$TP_i$    $TP_i+H_i=TP_j+H_j$    $TP_j$

税前利润

**图 7-1　套期保值降低亏损可能性示意**

基于以上分析，提出以下假设：

假设 2：管理者变更的概率与套期保值程度负相关。

假设 3：套期保值的增强，会降低管理者更换概率与公司业绩之间的敏感性。

## 7.3　研究设计

### 7.3.1　样本选取与数据来源

样本选取与数据来源同第 4 章。

### 7.3.2　变量定义

#### 7.3.2.1　管理者变更

本研究所指的管理者，即企业的高管，在国外的相关研究中，高管主要就是指总经理（CEO）。目前国内的相关研究对企业高管的定义和界定范围并不统一，有的研究指总经理（皮莉莉等，2005；薛有志等，2010；欧阳瑞，2010），有的研究指总经理和董事长（林永坚等，2013；杜兴强和周泽将，2010）。目前，中国仍缺乏有效的经理人市场，占上市公司半数以上的国有上市公司的高管人员相当大一部分源自政府任命或组织提拔，而并非依靠市场机制进行遴选。来自上级任命的国有上市公司的经理人往往具有通用的行政级别，这与西方发达国家的经理人市场有着显著的不同(杜兴强和周泽将，2010)。因欧美国家的企业大部分是私人公司，董事长是公司股东的代表，除退休、病故或控股股东变化等因素外，董事长职位一般是很稳定的，变化频率较低，在位时间也较长。总经理受雇管理公司，其变更原因与董事长的变更原因完全不同，总经理负责管理和运营公司，其行为直接决定公司的发展，反过来，公司的发展又能影响总经理的职业发展空间及职位稳定性。因为中国与欧美等国家体制上存在差异，所以中国企业的情况与欧美等国家也是不同的。中国的具体情况是国有企业众多，在国有企业中，董事长并不是股东，不拥有企业的所有权，他只是代表国家管理和执行公司事务的代理人，主要负责公司发展方向和制定公司发展战略；而总经理是董事长任命的操作日常具体业务的二级代理人。从这个角度来看，在中国董事长和总经理都是股东的代理人，具有同质性。尤其是，根据《中华人民共和国企业国有资产法》的规定，国有资产监督管理机构代表国家履行出资人职责：①任免国有独资企业的经理、副经理、财务负责人和其他高级管理人员；②任免国有独资公司的董事长、副董事长、董事、监事会主席、监事；③向国有资本控股公司、国有资本参股公司的股东会、股东大会提出董事、监事人选。由此我们可以看到，国有企业的董事长和总经理都是由国有资产监督管理机构任命的，他们同时都是代理人。所以本研究认为，在中国，企业的管理者不但包括总经理，还包括董事长，因此管理者变更包括总经理变更、董事长变更或二者同时变更。

现有的研究一般把管理者变更分为强制变更和非强制变更。只有强制性变更才是管理者极力避免的，也是研究中要考查的变量。皮莉莉等（2005）将总经理变更分为强制性变更和正常变更，正常变更是对企业内部经营管理的正常调整，将死亡、身体健康、犯罪、退休、公务繁忙、规范公司治理结构等为理由以及年龄大于 59 岁（含）的变更视为正常的总经理变更，其他变更都属于强制性变更。薛有志等（2010）在剔除了由健康原因、涉案、控股权变动、完善公司治理结构引发的，以及年龄大于 59 岁管理者变更后的样本作为有效样本。欧阳瑞（2010）在剔除了公告原因与公司治理行为没有直接关系的观测值及未公布变更原因的观测值后的样本作为研究样本。大部分研究中国管理者变更的文献是基于公司年报提供的数据，年报的数据是在达到中国证券监督管理委员会要求的最低底线上对公司情况的说明，我们很难从年报上披露的关于管理者变更的情况对其原因进行判断。如"工作调动"，我们就很难根据这样的信息解释管理者变更的具体原因，是因为工作业绩出色而升任更高的职位，还是因为工作能力不足被降职、内部解聘？所以，本研究不再区分强制性变更和非强制性变更，只要样本公司当年发生了管理者变更，就纳入我们的研究范围。

对于管理者变更，本研究采用三种定义方式：①如样本公司当年总经理发生变更，TurnCEO 变量赋值为 1，否则为 0；②如样本公司当年董事长发生变更，TurnCHIEF 变量赋值为 1，否则为 0；③如样本公司当年总经理或董事长以及二者同时变更，TurnALL 变量赋值为 1，否则为 0。

### 7.3.2.2 套期保值

确定套期保值者时，考虑到中国衍生品市场并不是很发达，上市公司对套期保值披露的信息十分有限的现状，中国上市公司套期保值数据的具体、详细信息很难获得，选择用离散性指标度量公司的套期保值，具体做法是在研究样本年报中手工搜索套期保值、套期工具、衍生品、期货和期权等关键字段，如年报中发现以上关键字段，再考查是否发生该业务，如发生该业务，并且该业务符合我国会计准则对套期保值者的界定，则确定套期保值者。当公司为套期保值者时，H 为 1；当公司为非套期保值者时，H 为 0。

### 7.3.2.3 公司业绩

国外的相关研究在度量企业业绩时，既可以用 Tobin's Q、股票收益率等市场业绩指标，也可以用 ROA、ROE 等会计业绩度量指标。中国的资本市场与欧美等国家的资本市场存在差异，有本身的一些特殊性：①中国股票市场股票种类繁多，同一家上市公司可能有多种股票，交易价格各异，交易币种各异，同一家公司的各种股票不能同股同价，因此同一家公司用不同种类股票计算的股票收益率也就不同；②中国证券市场的有效性较差，市场投机气氛浓重，股票换手率高，市场炒作严重，股价的波动性高，股票价格严重偏离公司业绩。市场业绩指标不适合以中国公司为样本的研究。因此，在本研究中，使用会计业绩指标度量样本公司的业绩。

具体来说，本研究对业绩变量采用以下几种定义方式：①ROA,总资产净利率,等于净利润除以总资产余额;②TLOSS,利润总额虚拟变量,利润总额为负时等于1,否则为0;③NLOSS,净利润虚拟变量,净利润为负时等于1,否则为0;④OLOSS,营业利润虚拟变量,营业利润为负时等于1,否则为0。

### 7.3.2.4 控制变量

参考相关研究，控制变量主要包括：营业总收入（lnincome），公司规模越大其组织稳定性通常越高，对行业性经营波动的敏感程度也相应较低，可以预期高管变更与公司规模负相关；企业性质（soe），影响国有企业管理者变更的因素与影响非国有企业管理者变更的因素是不同的，国有企业管理者的影响因素除公司业绩外，还有其他更重要的非业绩因素，可以预期企业性质与管理者变更负相关。

### 7.3.3 模型设计

首先，为了验证假设1，我们采用如下的Logistic回归模型对有色金属行业上市公司管理者变更与公司业绩之间的相关性进行分析：

$$\text{logit} (\text{turnover}_i) = \alpha + \beta_1 \text{perft}_t + + \beta_2 \text{lncome}_i + \beta_3 \text{soe}_i + \varepsilon \qquad (7.1)$$

其次，为了验证假设2，我们采用如下的Logistic回归模型对有色金属行业上市公司管理者变更与套期保值之间的相关性进行分析：

$$\text{logit} (\text{turnover}_i) = \alpha + \beta_1 \text{perft}_t + + \beta_2 H_i + \beta_3 \text{lncome}_i + \beta_4 \text{soe}_i + \varepsilon \qquad (7.2)$$

模型（3）用于验证假设3，我们采用如下的Logistic回归模型对有色金属行业上市公司套期保值对管理者变更与公司业绩之间敏感性的影响进行分析：

$$\text{logit} (\text{turnover}_i) = \alpha + \beta_1 \text{perft}_t + + \beta_2 H_i + \beta_3 \text{perft}_i \times H_i + \beta_4 \text{lncome}_i + \beta_5 \text{soe}_i + \varepsilon \quad (7.3)$$

模型中各变量的具体定义和计算参见表7-1。

#### 表7-1 变量定义与计量一览

| 变量名称 | 变量符号 | 变量定义或计算方法 |
| --- | --- | --- |
| 管理者变更 | turnCEO | 总经理发生变更取值为1,否则为0 |
| | turnCHIEF | 董事长发生变更取值为1,否则为0 |
| | turnALL | 董事长和/或总经理同时变更取值为1,否则为0 |
| 公司业绩 | roa | 净利润除以总资产平均额 |
| | tloss | 公司当年利润总额为负时等于1,否则为0 |
| | nloss | 公司当年净利润为负时等于1,否则为0 |
| | oloss | 公司当年营业利润为负时等于1,否则为0 |
| 套期保值 | H | 公司当年套期保值时等于1,否则为0 |
| 公司规模 | lnincome | 公司总资产的自然对数 |
| 公司性质 | soe | 公司为国有或国有控股等于1,否则为0 |

## 7.4 实证结果

### 7.4.1 描述性统计

表 7-2 对 2005—2011 年有色金属行业上市公司管理者变更的基本情况进行了描述。从中可以看出董事长变更 48 起，变更率为 15.05%；总经理变更 49 起，变更率为 15.36%。从时间序列上看，各年董事长变更较为平稳，总经理变更则波动较大。

表 7-2　有色金属行业 2005—2011 上市公司董事长/总经理变更状况统计

| 董事长 | | | | | | | | |
|---|---|---|---|---|---|---|---|---|
| 年份 | 2005 | 2006 | 2007 | 2008 | 2009 | 2010 | 2011 | 2005—2011 |
| | 数量/<br>百分比 | 数量/<br>百分比 | 数量/<br>百分比 | 数量/<br>百分比 | 数量/<br>百分比 | 数量/<br>百分比 | 数量/<br>百分比 | 数量/<br>百分比 |
| 1 工作调动 | 2/<br>25.00% | 3/<br>37.50% | 1/<br>25.00% | 4/<br>50.00% | 3/<br>37.50% | 2/<br>33.33% | 3/<br>50.00% | 18/<br>37.50% |
| 2 退休 | 1/<br>12.5% | 1/<br>12.50% | 0/<br>0.00% | 0/<br>0.00% | 0/<br>0.00% | 0/<br>0.00% | 0/<br>0.00% | 2/<br>4.17% |
| 3 任期届满 | 4/<br>50.00% | 2/<br>25.00% | 1/<br>25.00% | 2/<br>25.00% | 1/<br>12.50% | 2/<br>33.33% | 2/<br>33.33% | 14/<br>29.17% |
| 4 控股权变动 | 0/<br>0.00% | 0/<br>0.00% | 0/<br>0.00% | 0/<br>0.00% | 0/<br>0.00% | 0/<br>0.00% | 0/<br>0.00% | 0/<br>0.00% |
| 5 辞职 | 0/<br>0.00% | 2/<br>25.00% | 1/<br>25.00% | 2/<br>25.00% | 3/<br>37.5% | 1/<br>16.67% | 0/<br>0.00% | 9/<br>18.75% |
| 6 解聘 | 0/<br>0.00% | 0/<br>0.00% | 0/<br>0.00% | 0/<br>0.00% | 0/<br>0.00% | 0/<br>0.00% | 0/<br>0.00% | 0/<br>0.00% |
| 7 健康原因 | 0/<br>0.00% | 0/<br>0.00% | 0/<br>0.00% | 0/<br>0.00% | 0/<br>0.00% | 0/<br>0.00% | 0/<br>0.00% | 0/<br>0.00% |
| 8 个人 | 1/<br>12.50% | 0/<br>0.00% | 0/<br>0.00% | 0/<br>0.00% | 0/<br>0.00% | 0/<br>0.00% | 0/<br>0.00% | 1/<br>2.08% |
| 9 完善公司法人<br>治理结构 | 0/<br>0.00% | 0/<br>0.00% | 0/<br>0.00% | 0/<br>0.00% | 0/<br>0.00% | 0/<br>0.00% | 1/<br>16.67% | 1/<br>2.08% |
| 10 涉案 | 0/<br>0.00% | 0/<br>0.00% | 0/<br>0.00% | 0/<br>0.00% | 0/<br>0.00% | 0/<br>0.00% | 0/<br>0.00% | 0/<br>0.00% |
| 11 其他 | 0/<br>0.00% | 0/<br>0.00% | 1/<br>25.00% | 0/<br>0.00% | 0/<br>0.00% | 0/<br>0.00% | 0/<br>0.00% | 1/<br>2.08% |
| 12 结束代理 | 0/<br>0.00% | 0/<br>0.00% | 0/<br>0.00% | 0/<br>0.00% | 1/<br>12.50% | 1/<br>16.67% | 0/<br>0.00% | 2/<br>4.17% |
| 小计 | 8/<br>16.67% | 8/<br>16.67% | 4/<br>8.33% | 8/<br>16.67% | 8/<br>16.67% | 6/<br>12.50% | 6/<br>12.50% | 48/<br>100.00% |

续表

| 总经理 | | | | | | | | |
|---|---|---|---|---|---|---|---|---|
| 年份 | 2005 | 2006 | 2007 | 2008 | 2009 | 2010 | 2011 | 2005—2011 |
| | 数量/百分比 | 数量/百分比 | 数量/百分比 | 数量/百分比 | 数量/百分比 | 数量/百分比 | 数量/百分比 | 数量/百分比 |
| 1 工作调动 | 4/50.00% | 1/14.29% | 4/100.00% | 4/57.14% | 2/25.00% | 2/40.00% | 3/30.00% | 20/40.82% |
| 2 退休 | 0/0.00% | 0/0.00% | 0/0.00% | 0/0.00% | 0/0.00% | 0/0.00% | 1/10.00% | 1/2.04% |
| 3 任期届满 | 3/37.50% | 2/28.57% | 0/0.00% | 0/0.00% | 1/12.50% | 2/40.00% | 4/40.00% | 12/24.49% |
| 4 控股权变动 | 0/0.00% | 0/0.00% | 0/0.00% | 0/0.00% | 0/0.00% | 0/0.00% | 0/0.00% | 0/0.00% |
| 5 辞职 | 1/12.50% | 1/14.29% | 0/0.00% | 3/42.86% | 5/62.50% | 1/20.00% | 1/10.00% | 12/24.49% |
| 6 解聘 | 0/0.00% | 0/0.00% | 0/0.00% | 0/0.00% | 0/0.00% | 0/0.00% | 1/10.00% | 1/2.04% |
| 7 健康原因 | 0/0.00% | 1/14.29% | 0/0.00% | 0/0.00% | 0/0.00% | 0/0.00% | 0/0.00% | 1/2.04% |
| 8 个人 | 0/0.00% | 0/0.00% | 0/0.00% | 0/0.00% | 0/0.00% | 0/0.00% | 0/0.00% | 0/0.00% |
| 9 完善公司法人治理结构 | 0/0.00% | 0/0.00% | 0/0.00% | 0/0.00% | 0/0.00% | 0/0.00% | 0/0.00% | 0/0.00% |
| 10 涉案 | 0/0.00% | 0/0.00% | 0/0.00% | 0/0.00% | 0/0.00% | 0/0.00% | 0/0.00% | 0/0.00% |
| 11 其他 | 0/0.00% | 0/0.00% | 0/0.00% | 0/0.00% | 0/0.00% | 0/0.00% | 0/0.00% | 0/0.00% |
| 12 结束代理 | 0/0.00% | 2/28.57% | 0/0.00% | 0/0.00% | 0/0.00% | 0/0.00% | 0/0.00% | 2/4.08% |
| 小计 | 8/16.33% | 7/14.29% | 4/8.16% | 7/14.29% | 8/16.33% | 5/10.20% | 10/20.41% | 49/100.00% |

表7-3报告了其他主要变更的描述性统计结果,通过该统计可以发现,有57%的样本进行了套期保值,14%的样本营业利润为负,11%的样本利润总额为负,10%的样本净利润为负,营业利润为负的样本多于净利润为负的样本。判断公司是否亏损是以净利润为准的,显然有4%(14%-10%)的样

本虽然营业业绩为负，但却通过套期保值等手段使最后的净利润为正，不至于被冠以"ST"的标签，得以蒙混过关。

**表 7-3 主要变量描述性统计**

| | | turnCEO | turnCHIEF | turnALL | H | roa | oloss | tloss | nloss | size | cont |
|---|---|---|---|---|---|---|---|---|---|---|---|
| N | 有效 | 319 | 319 | 319 | 319 | 319 | 319 | 319 | 319 | 319 | 319 |
| | 缺失 | 0 | 0 | 0 | 0 | 0 | 0 | 0 | 0 | 0 | 0 |
| 均值 | | 0.15 | 0.15 | 0.24 | 0.57 | 0.056 1 | 0.14 | 0.11 | 0.10 | 21.926 7 | 0.61 |
| 中值 | | 0 | 0 | 0 | 1.00 | 0.047 6 | 0 | 0 | 0 | 21.958 3 | 1.00 |
| 众数 | | 0 | 0 | 0 | 1 | −0.277 3* | 0 | 0 | 0 | 17.464 5* | 1 |
| 标准差 | | 0.361 | 0.358 | 0.430 | 0.495 | 0.087 01 | 0.352 | 0.309 | 0.305 | 1.350 6 | 0.489 |
| 极小值 | | 0 | 0 | 0 | 0 | −0.277 3 | 0 | 0 | 0 | 17.464 5 | 0 |
| 极大值 | | 1 | 1 | 1 | 1 | 0.589 8 | 1 | 1 | 1 | 25.706 0 | 1 |
| 百分位数 | 25 | 0 | 0 | 0 | 0 | 0.017 7 | 0 | 0 | 0 | 20.934 2 | 0 |
| | 50 | 0 | 0 | 0 | 1.00 | 0.047 6 | 0 | 0 | 0 | 21.958 3 | 1.00 |
| | 75 | 0 | 0 | 0 | 1.00 | 0.087 4 | 0 | 0 | 0 | 22.715 6 | 1.00 |

注：* 存在多个众数，显示最小值。

### 7.4.2 单变量分析

表 7-4 与表 7-5 报告了公司业绩与管理者变更二者之间的列联表分析结果。我们首先计算 ROA（公司业绩）的均值，然后用各样本 ROA 减去 ROA 均值，再把得到的差值分为两组，大于 0 的归为业绩高组，小于 0 的归为业绩低组。从公司业绩与管理者变更列联表中可以看出，在总经理变更中，公司业绩低的样本数量是 34 个，占比为 69.4%；公司业绩高而被替换的总经理是 15 个，占比为 30.6%。在董事长变更中，公司业绩低的样本数量是 33 个，占比为 68.8%；公司业绩高而被替换的董事长是 15 个，占比为 31.3%。初步验证了假设 1：管理者更换的概率与公司的业绩负相关。

**表 7-4 公司业绩与总经理变更列联表**

| | | | 公司业绩 高 | 公司业绩 低 | 合计 |
|---|---|---|---|---|---|
| 总经理变更 | 否 | 计数 | 121 | 149 | 270 |
| | | 总经理变更中的% | 44.8% | 55.2% | 100.0% |
| | | 公司业绩中的% | 89.0% | 81.4% | 84.6% |
| | | 总数的% | 37.9% | 46.7% | 84.6% |
| | 是 | 计数 | 15 | 34 | 49 |
| | | 总经理变更中的% | 30.6% | 69.4% | 100.0% |
| | | 公司业绩中的% | 11.0% | 18.6% | 15.4% |
| | | 总数的% | 4.7% | 10.7% | 15.4% |
| 合计 | | 计数 | 136 | 183 | 319 |
| | | 总经理变更中的% | 42.6% | 57.4% | 100.0% |
| | | 公司业绩中的% | 100.0% | 100.0% | 100.0% |
| | | 总数的% | 42.6% | 57.4% | 100.0% |

表 7-5　公司业绩与董事长变更列联表

| | | | 公司业绩 | | 合计 |
| --- | --- | --- | --- | --- | --- |
| | | | 高 | 低 | |
| 董事长变更 | 否 | 计数 | 121 | 150 | 271 |
| | | 董事长变更中的% | 44.6% | 55.4% | 100.0% |
| | | 公司业绩中的% | 89.0% | 82.0% | 85.0% |
| | | 总数的% | 37.9% | 47.0% | 85.0% |
| | 是 | 计数 | 15 | 33 | 48 |
| | | 董事长变更中的% | 31.3% | 68.8% | 100.0% |
| | | 公司业绩中的% | 11.0% | 18.0% | 15.0% |
| | | 总数的% | 4.7% | 10.3% | 15.0% |
| 合计 | | 计数 | 136 | 183 | 319 |
| | | 董事长变更中的% | 42.6% | 57.4% | 100.0% |
| | | 公司业绩中的% | 100.0% | 100.0% | 100.0% |
| | | 总数的% | 42.6% | 57.4% | 100.0% |

　　表 7-6 与表 7-7 报告了套期保值对公司业绩与管理者变更之间的敏感性影响。我们首先计算 ROA（公司业绩）的均值，然后用各样本 ROA 减去 ROA 均值，再把得到的差值分为两组，大于 0 的归为业绩高组，小于 0 的归为业绩低组。从公司业绩与管理者变更列联表中可以看出，进行套期保值的样本的总经理变更率明显低于不进行套期保值的样本，而且，在所有的总经理变更样本中，进行套期保值的样本占比明显低于不进行套期保值样本。其中，进行套期保值的 183 个样本中，总经理变更 22 起，变更率为 12%，在总经理变更的 22 个样本中，公司业绩低的 13 起，占比为 59.1%；不进行套期保值的 136 个样本中，总经理变更 27 起，变更率为 19.9%，在总经理变更的 27 个样本中，公司业绩低的 21 起，占比为 77.8%。董事长的变更也与总经理的变更存在类似的状况，进行套期保值的样本的董事长变更率明显低于不进行套期保值的样本，但是，在所有的董事长变更样本中，进行套期保值的样本占比不明显低于不进行套期保值样本。其中，进行套期保值的 183 个样本中，董事长变更 23 起，变更率为 12.6%，在董事长变更的 23 个样本中，公司业绩低的 16 起，占比为 69.6%；不进行套期保值的 136 个样本中，董事长变更 25 起，变更率为

18.4%，在董事长变更的 25 个样本中，公司业绩低的 17 起，占比为 68%。

根据以上的分析，我们初步验证了假设 2：管理者更换的概率与套期保值程度负相关和假设 3：套期保值的增强，会降低管理者更换概率与公司业绩之间的敏感性。

表 7-6 套期保值对公司业绩与总经理变更敏感性影响的列联表

| 套期保值 | | | | 公司业绩 | | 合计 |
|---|---|---|---|---|---|---|
| | | | | 高 | 低 | |
| 否 | 总经理变更 | 否 | 计数 | 60 | 49 | 109 |
| | | | 总经理变更中的 % | 55.0% | 45.0% | 100.0% |
| | | | 公司业绩中的 % | 90.9% | 70.0% | 80.1% |
| | | | 总数的 % | 44.1% | 36.0% | 80.1% |
| | | 是 | 计数 | 6 | 21 | 27 |
| | | | 总经理变更中的 % | 22.2% | 77.8% | 100.0% |
| | | | 公司业绩中的 % | 9.1% | 30.0% | 19.9% |
| | | | 总数的 % | 4.4% | 15.4% | 19.9% |
| | 合计 | | 计数 | 66 | 70 | 136 |
| | | | 总经理变更中的 % | 48.5% | 51.5% | 100.0% |
| | | | 公司业绩中的 % | 100.0% | 100.0% | 100.0% |
| | | | 总数的 % | 48.5% | 51.5% | 100.0% |
| 是 | 总经理变更 | 否 | 计数 | 61 | 100 | 161 |
| | | | 总经理变更中的 % | 37.9% | 62.1% | 100.0% |
| | | | 公司业绩中的 % | 87.1% | 88.5% | 88.0% |
| | | | 总数的 % | 33.3% | 54.6% | 88.0% |
| | | 是 | 计数 | 9 | 13 | 22 |
| | | | 总经理变更中的 % | 40.9% | 59.1% | 100.0% |
| | | | 公司业绩中的 % | 12.9% | 11.5% | 12.0% |
| | | | 总数的 % | 4.9% | 7.1% | 12.0% |
| | 合计 | | 计数 | 70 | 113 | 183 |
| | | | 总经理变更中的 % | 38.3% | 61.7% | 100.0% |
| | | | 公司业绩中的 % | 100.0% | 100.0% | 100.0% |
| | | | 总数的 % | 38.3% | 61.7% | 100.0% |
| 合计 | 总经理变更 | 否 | 计数 | 121 | 149 | 270 |
| | | | 总经理变更中的 % | 44.8% | 55.2% | 100.0% |
| | | | 公司业绩中的 % | 89.0% | 81.4% | 84.6% |
| | | | 总数的 % | 37.9% | 46.7% | 84.6% |
| | | 是 | 计数 | 15 | 34 | 49 |
| | | | 总经理变更中的 % | 30.6% | 69.4% | 100.0% |
| | | | 公司业绩中的 % | 11.0% | 18.6% | 15.4% |
| | | | 总数的 % | 4.7% | 10.7% | 15.4% |
| | 合计 | | 计数 | 136 | 183 | 319 |
| | | | 总经理变更中的 % | 42.6% | 57.4% | 100.0% |
| | | | 公司业绩中的 % | 100.0% | 100.0% | 100.0% |
| | | | 总数的 % | 42.6% | 57.4% | 100.0% |

**表 7-7 套期保值对公司业绩与董事长变更敏感性影响的列联表**

| 套期保值 | | | | 公司业绩 | | 合计 |
|---|---|---|---|---|---|---|
| | | | | 高 | 低 | |
| 否 | 董事长变更 | 否 | 计数 | 58 | 53 | 111 |
| | | | 董事长变更中的% | 52.3% | 47.7% | 100.0% |
| | | | 公司业绩中的% | 87.9% | 75.7% | 81.6% |
| | | | 总数的% | 42.6% | 39.0% | 81.6% |
| | | 是 | 计数 | 8 | 17 | 25 |
| | | | 董事长变更中的% | 32.0% | 68.0% | 100.0% |
| | | | 公司业绩中的% | 12.1% | 24.3% | 18.4% |
| | | | 总数的% | 5.9% | 12.5% | 18.4% |
| | 合计 | | 计数 | 66 | 70 | 136 |
| | | | 董事长变更中的% | 48.5% | 51.5% | 100.0% |
| | | | 公司业绩中的% | 100.0% | 100.0% | 100.0% |
| | | | 总数的% | 48.5% | 51.5% | 100.0% |
| 是 | 董事长变更 | 否 | 计数 | 63 | 97 | 160 |
| | | | 董事长变更中的% | 39.4% | 60.6% | 100.0% |
| | | | 公司业绩中的% | 90.0% | 85.8% | 87.4% |
| | | | 总数的% | 34.4% | 53.0% | 87.4% |
| | | 是 | 计数 | 7 | 16 | 23 |
| | | | 董事长变更中的% | 30.4% | 69.6% | 100.0% |
| | | | 公司业绩中的% | 10.0% | 14.2% | 12.6% |
| | | | 总数的% | 3.8% | 8.7% | 12.6% |
| | 合计 | | 计数 | 70 | 113 | 183 |
| | | | 董事长变更中的% | 38.3% | 61.7% | 100.0% |
| | | | 公司业绩中的% | 100.0% | 100.0% | 100.0% |
| | | | 总数的% | 38.3% | 61.7% | 100.0% |
| 合计 | 董事长变更 | 否 | 计数 | 121 | 150 | 271 |
| | | | 董事长变更中的% | 44.6% | 55.4% | 100.0% |
| | | | 公司业绩中的% | 89.0% | 82.0% | 85.0% |
| | | | 总数的% | 37.9% | 47.0% | 85.0% |
| | | 是 | 计数 | 15 | 33 | 48 |
| | | | 董事长变更中的% | 31.3% | 68.8% | 100.0% |
| | | | 公司业绩中的% | 11.0% | 18.0% | 15.0% |
| | | | 总数的% | 4.7% | 10.3% | 15.0% |
| | 合计 | | 计数 | 136 | 183 | 319 |
| | | | 董事长变更中的% | 42.6% | 57.4% | 100.0% |
| | | | 公司业绩中的% | 100.0% | 100.0% | 100.0% |
| | | | 总数的% | 42.6% | 57.4% | 100.0% |

### 7.4.3 回归分析

在单变量分析中，仅采用分组的方式区分公司业绩的好坏，难以细致地观察公司业绩具有的不同传导机制，同时也无法控制其他因素可能产生的影响。因此，具体关联程度如何以及更加可靠的验证则有待做进一步的回归分析。

#### 7.4.3.1 基本回归结果

表 7-8 报告了总经理变更和董事长变更对公司业绩的 Logistic 回归结果。总体来看，管理者变更与 roa 度量的会计业绩负相关，与公司发生亏损的度量 oloss、tloss 和 nloss 正相关，并至少在 10% 的水平上显著。其中，总经理变更与 ROA 负相关，显著性水平至少为 10%，与 TLOSS 和 NLOSS 亏损度量正相关，而与 OLOSS 度量的亏损指标不相关；董事长变更与 ROA 度量的会计业绩不相关，而与是否亏损高度相关，即与 OLOSS、TLOSS 和 NLOSS 度量亏损的指标至少在 5% 的显著性水平上正相关，表明绩效不佳的管理者更易被更换，支持了我们提出的假设 1。这一结果与国内外的相关研究结论较为一致。根据"能力假设"：董事会以公司业绩为指示器对管理者的能力及努力程度进行评价，公司业绩越糟糕则管理者被变更的可能性越大。上述证据表明，尽管当前国内企业的公司治理架构尚不完善，其有效性也饱受质疑和指责，但在某种程度上还是体现了公司绩效会影响职位变迁的治理效率原则。

另外，董事长变更与总经理变更显著不同的一个地方是企业性质变量由与总经理变更之间的不显著变为与董事长变更之间的非常显著，这说明国有企业董事长比非国有企业董事长变更的可能性更大，并且这种可能性在统计上非常显著，至少在 1% 水平以上。造成这种现象的原因是，非国有企业的董事长一般来说是企业的控股股东或至少是大股东，还可能是企业的创始人，他（她）不会因为企业的绩效不佳而被免职和替换；国有企业的董事长就不同了，他（她）们并不是公司的股东，而只是国有资本委派到企业的管理者，相比而言，当其业绩不佳时，他（她）们是要被替换的，他（她）们是经常流动的。

表 7–8 假设 1 的回归结果

| VAR | 总经理变更 | | | | 董事长变更 | | | |
|---|---|---|---|---|---|---|---|---|
| | (1) | (2) | (3) | (4) | (1) | (2) | (3) | (4) |
| | m_ceo_roa | m_ceo_oloss | m_ceo_tloss | m_ceo_nloss | m_chief_roa | m_chief_oloss | m_chief_tloss | m_chief_nloss |
| roa | −3.282* | | | | −2.458 | | | |
| | (1.955) | | | | (1.871) | | | |
| oloss | | 0.509 | | | | 0.935** | | |
| | | (0.406) | | | | (0.391) | | |
| tloss | | | 0.809* | | | | 1.067** | |
| | | | (0.435) | | | | (0.423) | |
| nloss | | | | 0.854* | | | | 0.944** |
| | | | | (0.438) | | | | (0.435) |
| lncome | −0.005 00 | −0.011 8 | −0.000 052 1 | 0.003 94 | −0.125 | −0.103 | −0.106 | −0.111 |
| | (0.126) | (0.126) | (0.125) | (0.126) | (0.129) | (0.129) | (0.129) | (0.129) |
| soe | −0.204 | −0.178 | −0.212 | −0.213 | 1.280*** | 1.284*** | 1.264*** | 1.273*** |
| | (0.338) | (0.337) | (0.340) | (0.340) | (0.410) | (0.414) | (0.415) | (0.414) |
| Constant | −1.319 | −1.428 | −1.688 | −1.779 | 0.234 | −0.545 | −0.440 | −0.327 |
| | (2.693) | (2.702) | (2.697) | (2.703) | (2.738) | (2.780) | (2.760) | (2.756) |
| $r^2$_p | 0.012 | 0.007 | 0.013 | 0.014 | 0.052 | 0.065 | 0.067 | 0.062 |
| chi2 | 3.374 | 1.916 | 3.6 | 3.912 | 14.164 | 17.688 | 18.21 | 16.707 |
| N | 319 | 319 | 319 | 319 | 319 | 319 | 319 | 319 |

注：* $p < 0.1$，** $p < 0.05$，*** $p < 0.01$。

表 7–9 报告了对假设 2 的检验结果。从表中给出的结果可以看出，管理者变更与套期保值程度负相关。其中，总经理变更与套期保值程度不仅负相关，而且还在 5% 的水平上显著；董事长变更与套期保值程度仅仅负相关，在传统的水平上并不显著，而且相关程度也不如总经理变更与套期保值程度负相关程度高。从总经理变更来看，完全支持了我们提出的假设 2：管理者变更的概率与套期保值程度负相关。但从董事长的角度来看，相关结论并没有支持我们的假设，即董事长变更虽然与套期保值程度负相关，但并不显著。

表 7-9 假设 2 的回归结果

| VAR | (1) m_ceo _roa | (2) m_ceo _oloss | (3) m_ceo _tloss | (4) m_ceo _nloss | (1) m_chief _roa | (2) m_chief _oloss | (3) m_chief _tloss | (4) m_chief _nloss |
|---|---|---|---|---|---|---|---|---|
| roa | −3.840* | | | | −2.594 | | | |
| | (1.991) | | | | (1.884) | | | |
| oloss | | 0.673 | | | | 0.970** | | |
| | | (0.417) | | | | (0.396) | | |
| thoss | | | 0.972** | | | | 1.106*** | |
| | | | (0.446) | | | | (0.429) | |
| nloss | | | | 1.009** | | | | 0.975** |
| | | | | (0.448) | | | | (0.439) |
| h | −0.800** | −0.796** | −0.809** | −0.807** | −0.213 | −0.243 | −0.246 | −0.221 |
| | (0.350) | (0.351) | (0.350) | (0.349) | (0.366) | (0.369) | (0.368) | (0.366) |
| Lncome | 0.122 | 0.111 | 0.121 | 0.125 | −0.085 5 | −0.059 5 | −0.063 1 | −0.071 9 |
| | (0.140) | (0.138) | (0.137) | (0.137) | (0.146) | (0.146) | (0.144) | (0.144) |
| soe | −0.458 | −0.446 | −0.482 | −0.481 | 1.203*** | 1.189*** | 1.170*** | 1.189*** |
| | (0.354) | (0.356) | (0.357) | (0.357) | (0.429) | (0.436) | (0.436) | (0.434) |
| Constant | −3.506 | −3.566 | −3.786 | −3.861 | −0.457 | −1.312 | −1.199 | −1.006 |
| | (2.907) | (2.899) | (2.878) | (2.881) | (2.994) | (3.024) | (2.992) | (2.983) |
| $r^2$_p | 0.032 | 0.026 | 0.033 | 0.034 | 0.054 | 0.067 | 0.069 | 0.063 |
| chi2 | 8.649 | 7.131 | 9.022 | 9.31 | 14.5 | 18.121 | 18.656 | 17.071 |
| N | 319 | 319 | 319 | 319 | 319 | 319 | 319 | 319 |

注：* $p<0.1$，** $p<0.05$，*** $p<0.01$。

进一步地，本章对假设 3 进行了检验。表 7-10 是进行套期保值对管理者变更与公司业绩敏感性的检验结果，为了检验套期保值对公司业绩与管理者变更敏感性的影响，在模型中加入了套期保值与公司业绩的交叉项，从表7-10 的结果可以看出，当引入套期保值与公司业绩交叉项后，公司业绩与管理者变更之间的负相关性由显著变为不显著，也就是当公司进行套期保值后，公司业绩失去了对管理者的能力及努力程度进行评价指示的作用。对于套期保值公司来说，公司业绩对管理者变更概率的影响应是套期保值与公司业绩交叉项系数之和（$\beta_1+\beta_3$），表 7-10 中套期保值与公司业绩交叉项

系数和的 $\chi^2$ 检验均不显著，不能拒绝公司业绩对套期保值公司管理者变更的可能性没有显著影响的零假设，说明套期保值公司管理者变更的可能性与公司业绩无关。

表 7-10　假设 3 的回归结果

| VAR | (1) m_ceo_roa | (2) m_ceo_oloss | (3) m_ceo_tloss | (4) m_ceo_nloss | (1) m_chief_roa | (2) m_chief_oloss | (3) m_chief_tloss | (4) m_chief_nloss |
|---|---|---|---|---|---|---|---|---|
| roa | −6.175** | | | | −2.505 | | | |
| | (2.606) | | | | (2.318) | | | |
| oloss | | 0.802 | | | | 0.445 | | |
| | | (0.605) | | | | (0.600) | | |
| tloss | | | 0.842 | | | | 0.0726 | |
| | | | (0.661) | | | | (0.709) | |
| nloss | | | | 0.842 | | | | 0.0683 |
| | | | | (0.661) | | | | (0.709) |
| h | −1.084*** | −0.755** | −0.845** | −0.854** | −0.202 | −0.450 | −0.564 | −0.492 |
| | (0.406) | (0.377) | (0.375) | (0.374) | (0.400) | (0.409) | (0.403) | (0.398) |
| h_roa | 6.212 | | | | −0.250 | | | |
| | (4.066) | | | | (3.831) | | | |
| h_oloss | | −0.238 | | | | 0.958 | | |
| | | (0.817) | | | | (0.791) | | |
| h_tloss | | | 0.234 | | | | 1.791** | |
| | | | (0.869) | | | | (0.895) | |
| h_nloss | | | | 0.304 | | | | 1.609* |
| | | | | (0.872) | | | | (0.904) |
| lncome | 0.132 | 0.112 | 0.121 | 0.125 | −0.0857 | −0.0596 | −0.0534 | −0.0614 |
| | (0.139) | (0.138) | (0.137) | (0.137) | (0.146) | (0.146) | (0.145) | (0.144) |
| soe | −0.488 | −0.462 | −0.473 | −0.468 | 1.203*** | 1.267*** | 1.253*** | 1.262*** |
| | (0.357) | (0.361) | (0.359) | (0.359) | (0.429) | (0.443) | (0.442) | (0.439) |
| Constant | −3.605 | −3.597 | −3.774 | −3.853 | −0.459 | −1.275 | −1.332 | −1.167 |
| | (2.881) | (2.904) | (2.875) | (2.876) | (2.995) | (3.030) | (3.009) | (2.992) |
| $\chi^2$检验:$\beta_1+\beta_3=0$ | 319.000 | 0.708 | 0.301 | 0.158 | 319.000 | 0.708 | 0.301 | 0.158 |
| | (0.474) | (0.400) | (0.583) | (0.691) | (0.474) | (0.400) | (0.583) | (0.691) |
| r²_p | 0.04 | 0.027 | 0.035 | 0.036 | 0.054 | 0.067 | 0.069 | 0.063 |
| chi2 | 11.002 | 7.444 | 9.566 | 9.875 | 14.504 | 18.121 | 18.667 | 17.073 |
| N | 319 | 319 | 319 | 319 | 319 | 319 | 319 | 319 |

注：* p<0.1，** p<0.05，*** p<0.01。

### 7.4.3.2 稳健性检验

为检验上述结论的稳健性，依次执行了如下敏感性测试：为消除公司业绩分布偏倚的潜在影响，将全部样本按照公司业绩（ROA）的大小平均分为十组，这样第一组和第十组分别由公司业绩相对最小和最大的样本公司构成，然后用所在组序对 ROA 变量赋值，并用新构建的公司业绩指标对相关模型进行重新回归。上述稳健性检验结果与前面的研究结论没有实质性差异，因此，可以认为前面的结论是比较稳健的。

## 7.5 本章小结

管理者进行管理者防御最大化自身效用的前提是"在位"，只有保住在企业中的职位才能实现其他的利益。本章首先在理论上讨论了管理者变更与公司业绩的相关性，管理者变更越是与公司业绩相关，说明公司治理效果越好，管理者防御越轻微；管理者变更越是与公司业绩不相关，说明公司治理越不力，管理者防御越严重。在加入套期保值后，如果管理者变更与公司业绩由原来的相关变为不相关或者相关的显著性变差，说明套期保值是管理者进行管理者防御的工具，管理者的防御策略得到了实现。其次，检验了以上的理论推断，在不考虑套期保值时，管理者变更与公司业绩的相关性基本符合本章的预期，证明了"能力假设"，即董事会以公司业绩为指示器对管理者的能力及努力程度进行评价，公司业绩越糟糕则管理者被变更的可能性越大。但在加入套期保值与公司业绩交叉项后，公司业绩与管理者变更之间的负相关性由显著变为不显著，也就是当公司进行套期保值后，公司业绩失去了对管理者的能力及努力程度进行评价指示的作用，管理者成功地利用套期保值降低了管理者变更与公司业绩之间的敏感性，扰乱了公司治理的效果，进行了有效的管理者防御。这也证明了从管理者角度实施套期保值进行管理者防御是有效的。

# 8 结论与政策建议

本书首先系统地梳理了以往的研究套期保值的相关文献，通过两个方向总结了现有的文献，一个方向是套期保值的动机，另一个方向是套期保值的效应。我们发现，在早期的文献中，所有者（所有者同时也是企业的管理者）进行套期保值的目的是为了减少收入的波动，因为对相同的期望收入，波动小的收入比波动大的收入对于风险厌恶的所有者来说效用更大。但随着资本市场的发展，理论上发现，市场已经为风险进行了充分的定价，风险厌恶的股东完全可以自己在资本市场上进行与企业相同的套期保值活动，而不用企业来进行，而且，股东完全可以自己决定自己投资组合中具体的风险大小，所以，在一个完美的市场中企业的套期保值根本不能为股东创造价值。但现实中市场并不完美，存在各种各样的摩擦，这些摩擦会产生各种成本，如税收成本、财务困境成本、丧失投资机会的损失和限制负债容量损失等，而套期保值可以减少这些成本，帮助公司提升价值，但前提是组成套期保值头寸的成本不能大于减少的这些成本，如果套期保值减少这些成本的收益小于套期保值头寸本身的成本，会带来公司价值的减损。当所有权和经营权分离后，因为股东和管理者具有不同的效用函数，问题变得复杂了，而再加入国有企业后，问题变得更复杂了。本书就是在新制度经济学的框架下，当所有权和经营权分离并产生了代理问题后，从管理者防御的角度来研究套期保值的动机和效应，并对猜想进行了实证检验。

## 8.1 主要研究结论

根据已有文献的研究，本书首先假设套期保值的动机是公司价值最大化，并进行实证检验，结果并不支持这个假设。而后，本书提出全新的套期保值的管理者防御假设，检验的结果完全支持本书提出的新的假设。

本书基本结论如下：

(1) 本书首先基于公司价值最大化视角对套期保值行为进行了理论分析，认为如果公司套期保值是为了提升公司价值，那么公司将通过套期保值这个工具减少各种摩擦产生的成本。根据前期文献的研究成果，本书提出了套期保值可以减少公司所得税、减少财务困境成本、减少外部冲击对投资机会的影响等假设，然后以我国有色金属行业上市公司为样本对这些假设进行检验。描述性统计结果显示，度量公司所得税凸性的变量在套期保值者与非套期保值者之间没有明显区别，检验财务困境成本假设的利息保障倍数得出了反假设的结果，统计结果是低的市净率公司在进行套期保值，这也没有验证协调投融资和减少投资不足成本假设。仅从描述性统计结果来看，公司进行套期保值的目的并不是公司价值最大化。随后本书又采用列联表进行了单变量分析，除管理者持股虚拟变量、发放股利虚拟变量和企业性质虚拟变量外，对其他变量首先计算各变量的平均值，再用各变量值减去平均值，差值如果大于 0 赋值为 1，否则为 0。列联表分析的结果，也没有支持基于公司价值最大化的各变量与套期保值相关性的假设。这进一步验证了本章的猜想，即公司套期保值的目的并不是公司价值最大化。最后，通过公司特征对套期保值的 Logistic 回归进行分析，结果也没有支持套期保值可以减少各项摩擦成本的假设。所以，本书得出结论，公司进行套期保值的动机并不是公司价值最大化，具体是什么动机，还要做进一步的研究。

(2) 本书采用工具变量法分析了内生性问题给套期保值研究带来的影响。在控制套期保值内生性问题之后，套期保值对公司业绩提升的作用大大减少了。本书认为，这可能与我国公司的管理者防御特征相联系。越是业绩良好的公司，管理者越是不需要套期保值来避免未来极端状况的发生，因为只要未来公司不发生诸如破产、巨额亏损等极端状况，管理者的职位就不至于因为经营上的原因而不保，所以管理者也就没有太高的套期保值的倾向；而越是业绩不好的公司，管理者失去职位的可能性越大，因此，管理者防御倾向也就越高，通过套期保值管理者可以减少公司现金流的巨幅波动，降低极端状况发生的可能性，从而稳固自己的职位，因此，越是业绩不好的公司套期保值的倾向越高。当然，以上分析只是本书的初步猜测，具体情况如何，还需我们进一步验证。

（3）本书首先基于所有权和控制权分离的条件对套期保值行为进行了理论分析。本书认为，在所有权和控制权分离的条件下，股东与管理者的目标函数不同，尤其在我国目前国有企业所有者缺位、对管理者监管不力和目标多元化的情况下，管理者防御更加严重。由于国有企业管理者薪酬相对不高、相对固定，同时几乎不持有本企业股份，因此，工资性和股票激励在国有企业中几乎不起作用。对管理者的激励主要是职位的提升和与职位相对应的在职消费等收入，只有经营更大规模的企业，才能获得职位的提升和实现更多的收入，所以管理者有很高的积极性去进行"帝国建造"。而外部冲击会影响到进行"帝国建造"资金的筹集，并且如果现金流是序列相关的，这种影响更大，对企业扩大规模的资金损害将是永久的，所以管理者有积极性进行套期保值去减少现金流的波动，减轻对企业扩建所需资金的损害。本书证明了套期保值与管理者防御是正相关的，同时，套期保值与企业的现金流风险也是正相关的。

其次，本书对管理者防御的度量进行了探讨，本书采用管理者年龄、管理者学历、管理者任期、管理者预期转换工作成本、管理者专业和管理者任职经历六个指标来度量管理者防御的程度。基于本章的假设，把这六个指标对套期保值进行回归以检验套期保值与管理者防御的相关性。为了更科学地度量管理者防御，本书采用李秉祥、曹红和薛思珊（2008）的方法建立管理者防御指数对管理者防御进行度量，并用计算的管理者防御指数来检验管理者防御与套期保值的相关性，验证了我们的假设。

最后，本书检验了套期保值与投资支出之间的相关性，也验证了本书的理论分析的正确性。

（4）管理者进行管理者防御最大化自身效用的前提是"在位"，只有保住在企业中的职位，才能实现其他的利益。首先在理论上讨论了管理者变更与公司业绩的相关性，管理者变更越是与公司业绩相关，说明公司治理效果越好，管理者防御越轻微；管理者变更越是与公司业绩不相关，说明公司治理越不力，管理者防御越严重。在加入套期保值后，如果管理者变更与公司业绩由原来的相关变为不相关或者相关的显著性变差，说明套期保值是管理者进行管理者防御的工具，管理者的防御策略得到了实现。然后我们检验了以上的理论推断，在不考虑套期保值时，管理者变更与公司业绩的相关性基本符合我们的预期，证明了"能力假设"，即董事会以公司业绩为指示器对管理者的能力及努力程度进行评价，公司业绩越糟糕则管理者被变更的可能性越大。但在加入套期保值与公司业绩交叉项后，公司业绩与管理者变更之间的负相关性由显著变为不显著，也就是当公司进行套期保值后，公司业绩失去了对管理者的能力及努力程度进行评价指示的作用，管理者成功地利用套期保值降低了管理者变更与公司业绩之间的敏感性，扰乱了公司治理的效果，进行了有效的管理者防御。这也证明了从管理者角度实施套期保值进行管理者防御是有效的。

## 8.2 政策建议

### 8.2.1 减少政府政治干预

所有权与经营权分离后，企业的管理者由占企业股份多数的股东决定，在我国，国有企业为人民所有，国务院代表人民行使所有者的权利，任免企业的管理者是众多权利中的一个，同时，国务院授权地方政府任免其管理的国有企业的管理者。虽然经过了公司化改造，但在实践中，国有企业的管理者仍然由党的组织部门任命，而不是由董事会任命。党的中央委员会或省级委员会仍然控制和决定大型国有企业或企业集团高层管理者的任命、晋升或解雇，大型国有企业（集团）直接担任或任命上市公司的管理者。虽然将控制权下放委托给企业的管理者，但却仍然保留对人事任免的控制权。所以，行政级别相当的政府官员与企业管理者之间可以进行角色互换，政府官员可以变成国有企业管理者，而国有企业管理者也可以变成政府官员。我们知道，管理政府与管理企业是不同的，如果企业管理者还是用管理政府的思路来管理企业，这样的企业就不会"冒进"，不会承担风险，哪怕分散风险的成本再大或承担风险的收益再大也要分散掉风险。另一方面，为了保持政治稳定、社会安定以及改革的非激进性质，国家仍然把相当一部分社会性职能留给国有企业负担，使得企业一些生产和其社会性职能不能分开，这些都干扰了企业真实经营业绩的评价。所以在决定管理者去留问题上经营业绩并不是主要决定因素，只要业绩不是太差，一般都能留任，管理者要做的就是避免重大亏损的出现，套期保值就是一个很好的减少出现重大亏损可能性的工具，即使成本再高，管理者也在所不惜。

要规避管理者在进行套期保值过程中的机会主义行为，不但要对国有企业进行公司化改革和国有资产管理体制等产权改革，还要把这些改革落在实处。国有企业的管理者应当由董事会选举，或由董事会任命，彻底实现政企分开，同时，企业的目标就应该是股东价值最大化，将一些社会性职能剥离出去，由一些社会机构来承担。解决了这些根本问题之后，才有可能减少企业管理者在风险管理方面的机会主义行为。

### 8.2.2 加强监控、减缓内部人控制问题

内部人控制是指公司内部人员掌握了公司剩余控制权。法律上的内部人控制是指公司内部人员通过持有公司股权而获得了对企业的控制权。事实上的内部人控制是指内部人员不持有股权，通过其他途径掌握了企业的控制权。

董事会拥有聘任、监督公司管理者的权力，有权对管理者的经营绩效进行评价，并据此对管理者做出奖惩的决定，在极端的情况下，甚至可以解除管理者的职务，因此，从理论上说，董事会应该在监督经理方面起到重要作用。事实上，董事会很难担此重任。董事会被内部董事控制，甚至董事长和总经理由一人兼任，公司董事会被牢牢地掌握在内部人手中，导致公司治理机制失效。国有上市公司管理者和政府博弈的结果是一部分管理者利用政府产权上的超弱控制形成事实上的内部人控制状况，追求个人高收入、高在职消费，侵蚀投资者的利益，同时又利用政府行政上的超强控制推脱责任，转嫁自己的风险。由于掌握了控制权，管理者可以利用公司资源进行套期保值，降低低劣公司业绩出现的可能性，减少被更换的可能性，为自己谋利。

为了完善董事会内部控制机制，防止内部人控制，我国建立了独立董事制度。独立董事不像内部董事那样直接受制于控股股东和公司管理者，从而可能有利于董事会对公司事务做独立判断。根据相关研究发现，独立董事并没有显著改善当期的财务与经济绩效，目前无法发挥公司治理机制作用，这种现象与英美国家形成了强烈的反差。根据规定，我国上市公司独立董事的比例只占董事会成员数量的 1/3 以上，大多数公司都取下限，只为满足法规

的最低要求，并且一般来说这些外部董事与公司管理者关系密切，而英美国家的外部董事在董事会中占多数席位，所以，我国今后也应该加大外部董事的比例，加强对管理者的监控。

### 8.2.3 设计合理的激励机制

现阶段，我国企业对管理者激励的内容包括经济激励、声誉激励、控制权激励和行政升迁激励。在我国，除了一部分上市公司的激励决策由其董事会掌握外，其他企业的激励措施仍由政府主管部门掌握，信息不对称，加之政府缺乏有效的监督手段和监控指标，为管理者弄虚作假、欺骗上级提供了空间。从理论和实践来看，在我国能较好发挥经济激励的形式主要有年薪制、股权制和职务消费货币化。为了防止管理者将套期保值作为个人谋利的工具，就建立基薪+津贴+风险收入+股权的多元化报酬方案。但要注意掌握好管理者拥有股权的比例，因为根据相关研究，公司价值与管理者持股比例是倒 U 形的关系，管理者持股比例过高会有损公司价值，所以授予管理者的股权比例不宜过高。

### 8.2.4 培育管理者选聘市场化机制

建立企业管理者的市场化生成机制，保证管理者努力地为股东利益最大化服务，从而有效解决股东与管理者之间的代理问题，统一企业的风险管理，控制企业的风险。国有企业产权结构由国有独资逐渐转变为国有控股，国有企业管理者的生成机制也随之改革，由现行的行政委任制向董事会选聘制转型，建立管理者市场化的生成机制，实现由"官员型管理者"向"职业型管理者"的角色转换，为股东价值最大化目标而努力地工作。

### 8.2.5 风险管理制度制定

国务院国有资产监督管理委员会（以下简称"国资委"）于 2006 年印发了《中央企业全面风险管理指引》，用以指导企业开展全面风险管理工作。从理论上分析，国务院代理人民行使国有资产的各项权利，国务院下属的国资委也是代理人。既然是代理人，就存在委托—代理问题。如果下属企业出了问题，如业绩极端低劣，国资委可能要被上级问责，所以在风险厌恶的驱使下，国资委是不希望下属企业去承担太大的风险的，即使这个承担风险的收益远远大于成本。本书认为，企业的经营进不进行风险管理、何时进行风险管理、进行哪些风险管理及风险管理的程度都应由企业自主决定，只要企业进行风险管理的目的是公司价值最大化就无可非议。

## 8.3 主要创新点及不足

本书的创新点主要体现在以下几个方面：

(1) 尝试利用新制度经济学的框架对套期保值行为进行理论分析。以前的研究，鲜见将套期保值行为置于一个统一的严谨的框架下进行研究，对套期保值行为背后的理论机制的发掘不够深入。本书将套期保值行为放在新制度经济学的框架下进行研究和分析，尤其从风险承担的角度分析了套期保值对股东效用的影响；对基于个人效用最大化考虑的，并且也是公司套期保值行为的决策者——管理者的影响的研究，为以后的研究打下了坚固的理论基础。

(2) 与前人研究套期保值的公司价值最大化动机假设不同，本书把着眼点放在管理者防御上，构建了基于管理者防御动机的套期保值动机与效应的研究。首先，从理论上分析了管理者进行套期保值的动机是管理者防御，然后建立管理者防御指数度量管理者防御程度，并且检验了管理者防御与套期保值的相关性；其次，利用管理者防御效果的度量指标——管理者变量，对管理者利用套期保值进行管理者防御的效果进行实证检验，结论显示了我们假设的正确性。

(3) 前人的基于公司价值最大化的套期保值的研究存在一个悬而未决的问题，那就是未能很好地解决套期保值与其他公司特征的内生性问题，如套期保值与杠杆的相互影响。套期保值降低了公司现金流的波动，降低了财务困境风险，扩大了企业的负债容量，使企业可以举借更多的债务（债务利息可以享受税收抵扣的好处），更多的债务导致产生更高的杠杆，更高的杠杆又需要进行更多的套期保值来降低财务困境成本。这样，更高的杠杆需要更多的套期保值，而更多的套期保值又可以举借更多的债务，形成更高的杠杆，二者交互上升，互相影响，产生了比较严重的内生性问题。本书的研究采用工具变量法和两阶段最小二乘法对解决内生性问题做了初步尝试。

(4) 尝试采用列联表对套期保值公司特征进行分析。本书中使用的变量既有定量计量的，也有定性计量的，对于最主要的变量——套期保值的度量，本章采用了定性计量，因此，不同于以往的其他研究，本书尝试在套期保值的研究中采用列联表分析。对于个别定量计量的变量，本书进行了如下处理：首先计算各变量的均值，然后用各样本变量值减去样本变量均值，再把得到的差值分为高、低两组，高组和低组分别赋值 1 和 0，即把定量变量转换为定性变量。

然而，本书的研究属于尝试性的，加之研究水平和能力有限，仍然存在诸多不足。企业套期保值研究具有一定的复杂性，首先是理论框架的问题，本书的研究是建立在统一的理论框架之下进行的分析，但笔者知道，不同的人在不同时期其行为的动机可能有所不同，对套期保值的决策也会不同，因此对套期保值行为的研究不但需要在一个框架下进行统一研究，而且还需要进行个案分析的案例研究。其次，本书对公司是否进行套期保值以是否使用衍生品为标准进行判断，其实公司的套期保值工具不只衍生品，公司还可以利用经营业务进行套期保值，如进行多元化经营。最后，受会计披露的限制，我们只获得了企业是否使用衍生品的数据，而无法获得衍生品的具体使用数量，从而无法计量各公司的套期保值程度指标，在一定程度上影响了我们实证检验结果的准确性。

# 参 考 文 献

[1] 陈冬华,陈信元,万华林.国有企业中的薪酬管制与在职消费[J].经济研究,2005(2):92-101.

[2] 杜兴强,周泽将. 高管变更、继任来源与盈余管理[J].当代经济科学,2010(1):23-33.

[3] 李秉祥,曹红,薛思珊.我国上市公司经理管理者防御程度的量化研究[J].上海立信会计学院学报,2008(1):76-81.

[4] 李金早,许晓明. 高阶管理理论及其完善与拓展[J]. 外国经济与管理,2008(10):42-45.

[5] 林永坚,王志强,李茂良.高管变更与盈余管理——基于应计项目操控与真实活动操控的实证研究[J].南开管理评论,2013(1):4-14.

[6] 柳玉珍.财务困境、股权结构与管理者变更——基于中国上市公司的实证研究[J]. 特区经济,2009(11):95-97.

[7] 欧阳瑞.多元化、公司业绩与总经理变更[J].管理科学,2012(2):44-51.

[8] 皮莉莉,Lowe J, Connor C. 中国上市公司业绩与总经理变更分析[J]. 甘肃社会科学,2005(3):203-206.

[9] 薛有志,周杰,顿日霞.多元化战略的实施对总经理变更机制的影响研究[J].天津商业大学学报,2010(3):4-8.

[10] Adam T, Fernando C S. Hedging, Speculation and Shareholder Value[J]. Journal of Financial Economics, 2006(81):283-309.

[11] Allayannis G, Mozumdar A.The Impact of Negative Cash Flow and Influential Observations on Investment-Cash Flow Sensitivity Estimates [J]. Journal of Banking and Finance, 2004(28):901-930.

［12］Allayannis G, Ofek E.Exchange Rate Exposure, Hedging, and the Use of Foreign Currency Derivatives [J]. Journal of International Money and Finance,2001(20):273－296.

［13］Allayannis G, Weston J P. The Use of Foreign Currency Derivatives and Firm Market Value [J]. Review of Financial Studies, 2001(14): 243－276.

［14］Allayannis G, Brown G W, Klapper L F. Capital Structure and Financial Risk: Evidence from Foreign Debt Use in East Asia [J]. Journal of Finance, 2003, 58(6):2667－2710.

［15］Allayannis G, Lel U, Miller D. Corporate Governance and the Hedging Premium Around the World [R]. Darden School Working Paper, 2004:1－30.

［16］Altman E. Corporate Financial Distress [M]. New York:John Wiley 1983:1－30.

［17］Arrow K J. The Economics of Agency. In: Pratt J W, Zeckhauser R J,eds. Principals and Agents:The Structure of Business [M]. Boston:Harvard Business School Press,1985:37－45.

［18］Asquith P, Mullins D W Jr.Equity Issues and Offering Dilution[J]. Journal of Financial Economics, 1986:15(2):61－89.

［19］Axelrod R. The Evolution of Cooperation [M]. New York:Basic Books,1984:1－30.

［20］Azariadis C. Implicit Contracts and Underemployment Equilibria[J]. Journal of Political Economy, 1975(83):1183－1203.

［21］Bailey M J. Wages and Employment under Uncertain Demand[J]. Review of Economic Studies, 1974(41):37－50.

［22］Bamberg G, Spremann K. Implications of Constant Risk Aversion [J]. Zeitschrift fur Operations Research,1981(25):5－24.

［23］Bartram S M. Corporate Risk Management as a Lever for Shareholder Value Creation [J]. Financial Markets, Institutions, and Instruments,

2000,9(5):279-324.

[24] Bartram S M. Enhancing Shareholder Value with Corporate Risk Management[J]. Corporate Finance Review, 2002,7(11):7-12.

[25] Bartram S M. Brown G W, Fehle F R. International evidence on financial derivatives usage[R]. Kenan-Flagler Business School, Working paper, 2003:1-30.

[26] Bartram S M. The Use of Options in Corporate Risk Management[J]. Managerial Finance, 2006,32(2):160-181.

[27] Bartram S M, Bodnar G M. The Foreign Exchange Exposure Puzzle[J]. Managerial Finance, 2007,33(9):642-666.

[28] Bartram S M, Brown G W, Minton B. Resolving the Exposure Puzzle: The Many Facets of Foreign Exchange Exposure[J]. Journal of Financial Economics, 2009,95(2):148-173.

[29] Bartram S M, Brown G W, Conrad J. The Effects of Derivatives on Firm Risk and Value [R]. Lancaster University and University of North Carolina at Chapel Hill, Working paper,2006:1-30.

[30] Bartram S M, Brown G W, Fehle F. International Evidence on Financial Derivatives Usage [J]. Financial Management, 2009 (38), Spring:185-206.

[31] Bartram S M, Brown G W, Hund J E. Estimating Systemic Risk in the International Financial System [J]. Journal of Financial Economics, 2007,86(12):835-869.

[32] Berger P G, Ofek E. Diversification's Effect on Firm Value [J]. Journal of Financial Economics, 1995,37(1):39-65.

[33] Berger P G, Ofek E, Yermack D L. Managerial Entrenchmentand Capital Structure Decisions[J]. Journal of Finance,1997,52(4):1-30.

[34] Berkman H, Bradbury M E. Empirical Evidence on the Corporate Use of Derivatives[J]. Financial Management, 1996,25(2):5-13.

[35] Bessembinder H. Forward Contracts and Firm Value: Investment

Incentive and Contracting Effects [J]. Journal of Financial and Quantitative Analysis, 1991,26(4):519−532.

[36] Black F, Scholes M. The Pricing of Options and Corporate Liabilities[J]. Journal of Political Economy, 1973,.81(3):637−654.

[37] Blanchard O J, Fischer S. Lectures on Macroeconomics [M]. Cambridge, Mass.:MIT Press,1989:1−30.

[38] Block S B, Gallagher T J. The Use of Interest Rate Futures and Options by Corporate Financial Managers [J]. Financial Management, 1986,15 (3):73−78.

[39] Bodnar G M,de Jong A , Macrae V. The Impact of Institutional Differences on Derivatives Usage: A Comparative Study of U.S. and Dutch Firms[J]. European Financial Management, 2003(9):271−297.

[40] Bodnar G M, Gebhardt G. Derivatives Usage in Risk Management by U.S. and German Non−financial Firms: A Comparative Survey [J]. Journal of International Financial Management & Accounting, 1999,10(3):153−188.

[41] Bodnar G M, Dumas B, Marston R C.Pass−through and exposure [J]. Journal of Finance, 2002,57(1):199−231.

[42] Bodnar G M, Tang C, Weintrop J. Both Sides of Corporate Diversification: The Value Impacts of Geographic and Industrial Diversifica-tion[R]. NBER Working Paper Series,1997:11−30.

[43] Bodnar G M, Hayt G S, Marston R C. 1998 Wharton Survey of Financial Risk Management by US Non −Financial Firms [J]. Financial Management, 1998,27(4):70−91.

[44] Borokhovich K, Brunarski K, Crutchley C, Simkins B. Board Composition and Corporate Use of Interest Rate Derivatives [J]. Journal of Financial Research, 2004,27(2):119−126.

[45] Breeden D, Viswanathan S. Why Do Firms Hedge? An Asymmetric Information Model[R]. Duke University Working Paper,2006:1−30.

[46] Brown G. Managing Foreign Exchange Risk with Derivatives [J].

Journal of Financial Economics, 2001,60(2):401-449.

[47] Brown G W, Toft K B. How Firms Should Hedge[J]. Review of Financial Studies, 2002(15):1283-1324.

[48] Brown G, Crabb P, Haushalter D. Are Firms Successful at Selective Hedging?[J]. Journal of Business, 2006,79(6):2925-2949.

[49] Browning S J, Jereski L. In the Money: Firms with Sagging Stocks Set New "Repricing" of Executive Options [J]. Wall Street Journal, 1997-06-11: C1-C2.

[50] Brunello G, Graziano C, Parigi B M. CEO Turnover in Insider-dominated Boards: The Italian Case [J]. Journal of Banking & Finance, 2003,27(6):1027-1051.

[51] Brunner K, Meckling W H. The Perception of Man and Conception of Government[J]. Journal of Money, 1977(3):70-85.

[52] Campa J M, Kedia S. Explaining the Diversification Discount[J]. The Journal of Finance, 2002,57(4):1731-1762.

[53] Campbell T S, Kracaw W A. Optimal Managerial Contracts and the Value of Corporate Insurance [J]. Journal of Financial Quantitative Analysis, 1987,22(3):315-328.

[54] Campbell T S, Kracaw W A. Corporate Risk Management and Incentive Effects of Debt[J]. Journal of Finance, 1990,45(5):1673-1686.

[55] Carlsson G, Karlsson K. Age, Cohorts and the Generation of Generations[J]. American Sociological Review, 1970,35(8):710-718.

[56] Carter D A, Rogers D, Simkins B J. Does Hedging Affect Firm Value? Evidence from the US Airline Industry [J]. Financial Management, 2006,35(1):53-87.

[57] Chang C. Does Corporate Hedging Aggravate or Alleviate Agency Problems? A Managerial Theory of Risk Management [R]. University of Minnesota, Working Paper,2000:1-30.

[58] Chang E C, Wong M L. Governance with multiple objectives:

Evidence from top executive turnover in China[J]. Journal of Corporate Finance, 2009(15):230−244.

[59] Cheng P, Li J L, Tong W HS. What Triggers Top Management Turnovers in China?[J]. Journal of Contemporary Accounting & Economics, 2008(6):50−87.

[60] Coles J L, Lemmon M L, Meschke J F. Structural Models and Endogeneity in Corporate Finance: The Link Between Managerial Ownership and Corporate Performance[R]. Working Paper,2003:1−30.

[61] Comment R, Jarrell G A. Corporate Focus and Stock Returns[J]. Journal of Financial Economics, 1995,37(1):67−87.

[62] Copeland T, Copeland M. Managing Corporate FX Risk: A Value Maximizing Approach[J]. Financial Management, 1999,28(3):68−75.

[63] Core J E, Guay W R, Kothari S P. The Economic Dilution of Employee Stock Options: Diluted EPS for Valuation and Financial Reporting [J]. Accounting Review, 2002,77(3):627−653.

[64] Culp C L, Furbush D, Kavanagh B T. Structured Debt and Corporate Risk Management [J]. Journal of Applied Corporate Finance, 1994,7(3):73−84.

[65] Cutler D, Summers L. The Cost of Conflict Resolution and Financial Distress: Evidence from the Texaco−Pennzoil Litigation[J]. Lawrence H. Rand Journal of Economics,1987,19(2):157−172.

[66] DaDalt P, Gay G, Nam J. Asymmetric Information and Corporate Derivatives Use[J]. Journal of Futures Markets, 2002,22(3):241−267.

[67] DeFond M L, Park C W. The Effect of Competition on CEO Turnover[J]. Accounting and Economics, 1999(27).

[68] DeMarzo P M, Duffie D. Corporate Financial Hedging with Proprietary Information[J]. Journal of Economic Theory, 1991,53(2):261−286.

[69] DeMarzo P M, Duffie D. Corporate Incentives for Hedge and Hedge Accounting[J]. Review of Financial Studies, 1995,8(3):743−771.

［70］Demsetz H, Lehn K. The Structure of Corporate Ownership: Causes and Consequences [J]. The Journal of Political Economy, 1985,93(6): 1155－1177.

［71］Denis D J, Denis D K. Performance Changes Following Top Management Dismissals[J]. Finance,1995,50(4):1029－1057.

［72］Denis D J, Denis D K, Atulya S. Ownership Structure and Top Executive Turnover[J]. Financial Economics, 1997(45).

［73］Dionne G, Garand M. Risk Management Determinants Affecting Firm's Values in the Gold Mining Industry: New empirical results[J]. Economics Letters, 2003(79):43－52.

［74］Dionne G, Triki T. On Risk Management Determinants: What Really Matters?[R]. HEC Montréal, Working Paper,2004:1－30.

［75］Dionne G, Triki T. Risk Management and Corporate Governance: The importance of Independence and Financial Knowledge for the Board and the Audit Committee[R]. HEC Montréal, Working Paper,2005:1－30.

［76］Dolde W. The Trajectory of Corporate Financial Risk Management[J]. Continental Bank Journal of Applied Corporate Finance, 1993(6): 33－41.

［77］Dolde W. Hedging, Leverage and Primitive Risk [J]. Journal of Financial Engineering, 1995(4):187－216.

［78］Dolde W, Mishra D. Firm Complexity and FX Derivatives Use[J]. Quarterly Journal of Business and Economics, 2007,46(4):3－23.

［79］Dufey G, Srinivasulu S L. The Case for Corporate Risk Management of Foreign Exchange Risk[J]. Financial Management, 1983,12(4):54－62.

［80］Eaton J, Rosen H S. Agency,Delayed Compensation, and the Structure of Executive Remuneration[J]. The Journal of Finance, 1998,38(12): 1489－1506.

［81］Fama E F. Agency Problems and the Theory of the Firm[J]. Journal of Political Economy, 1980,88(2):288－307.

［82］Faulkender M. Hedging or Market Timing? Selecting the Interest Rate Exposure of Corporate Debt[J]. Journal of Finance, 2005(60):931−962.

［83］Fite D, Pfleiderer P. Should Firms Use Derivatives to Manage Risk. In: Beaver W, Parker G, eds. Risk Management: Problems and Solutions[M]. New York, NY: McGraw−Hill,1995:139−169.

［84］Firth M, Fung M Y, Rui O M. Firm Performance,Governance Structure and Top Management Turnover in a Transitional Economy [J]. Management Studies, 2006(43).

［85］Fok R C W, Carroll C, Chiou M C. Determinants of Corporate Hedging and Derivatives: A Revisit [J]. Journal of Economics and Business, 1997(49):569−585.

［86］Francis J, Stephan J. Characteristics of Hedging Firms: An Empirical Examination. In: Schwartz R W, Smith Jr C W, eds. Advanced Strategies in Financial Risk Management [R]. New York Institute of Finance,1990, 615−635.

［87］Friend I, Larry H P Lang. An Empirical Test of the Impact of Managerial Self−Interest on Corporate Capital Structure[J]. Journal of Finance, 1988,43(2):271−281.

［88］Froot K A, Scharfstein D S, Stein J C. Risk Management: Coordinating Corporate Investment and Financing Policies [J]. Journal of Finance, 1993,48(5):1629−1658.

［89］Froot K A, Scharfstein D S, Stein J C. A Framework for Risk Management[J]. Harvard Business Review, 1994,72(6):91−102.

［90］Gay G D, Nam J, Turac M. On the Optimal Mix of Corporate Hedging Instruments: Linear Versus Non−linear Derivatives[J]. Journal of Futures Markets, 2003,23(3):217−239.

［91］Gay G D, Nam J. The Underinvestment Problem and Corporate Derivatives Use[J]. Financial Management, 1998,27(4):53−69.

［92］Géczy C, Minton B A, Schrand C. Why Firms Use Currency

Derivatives[J]. Journal of Finance, 1997,52(4):1323—1354.

[93] Géczy C, Minton B A, Schrand C. The Use of Multiple Risk Management Strategies: Evidence from the Natural Gas Industry[J]. The Journal of Risk, 2006,8(3):1—21.

[94] Géczy C, Minton B A, Schrand C. Taking a View: Corporate Speculation, Governance and Compensation[J]. Journal of Finance, 2007,62(5): 2405—2443.

[95] Gilson S C. Management turnover and financial distress [J]. Journal of Financial Economy, 1989,25(2).

[96] Gordon D F. A Neoclassical Theory of Keynesian Unemployment [J]. Economic Inquiry, 1974(12):431—449.

[97] Goyal V K, Park C W. Board Leadership Structure and CEO Turnover[J]. Corporate Finance, 2002(8).

[98] Graham J R, Smith C W Jr. Tax Incentives to Hedge[J]. Journal of Finance, 1999,54(6):2241—2263.

[99] Graham J R, Smith C W Jr. Tax Progressivity and Corporate Incentives to Hedge [J]. Journal of Applied Corporate Finance, 2000,12(4): 102—111.

[100] Graham J R, Rogers D A. Is Corporate Hedging Consistent with Value Maximization? An Empirical Analysis[J]. Journal of Finance, 2002,57(2): 815—840.

[101] Grossman S J, Hart O D. Corporate Financial Structure and Managerial Incentives [J]. The Economics of Information and Uncertainty, 1982:104—140.

[102] Guay W R. The Impact of Derivatives on Firm Risk: An Empirical Examination of New Derivatives Users [J]. Journal of Accounting and Economics, 1999(26):319—351.

[103] Guay W R, Kothari S P. How Much Do Firms Hedge with Derivatives?[J]. Journal of Financial Economics, 2003(70):423—461.

［104］Hart O D, Holmstrom B R. The Theory of Contracts. In: Bewley T,ed. Advances in Economic Theory[M]. Cambridge:Contracts University Press,1986,39(4):71－155.

［105］Hart O D. Corporate Governance:Some Theory and Implications [J]. The Economic Journal, 1995,105(5):678－689.

［106］Hart O D. Moore J. Debt and Seniority: An Analysis of the Role of Hard Claims in Constraining Management [J]. The American Economic Review, 1995,85(6):567－585.

［107］Haushalter G D. Financing Policy, Basis Risk, and Corporate Hedging: Evidence from Oil and Gas Producers [J]. Journal of Finance, 2000,55(1):107－152.

［108］Haushalter G D. Why Hedge? Some Evidence on Oil and Gas Producers[J]. Journal of Applied Corporate Finance, 2001,13(4):87－92.

［109］Hausman J A. Specification Tests in Econometrics[J]. Econometrica, 1978,.46(11):1251－1271.

［110］Hentschel L, Kothari S P. Are Corporations Reducing or Taking Risks with Derivatives? [J]. Journal of Financial and Quantitative Analysis, 2001(36):93－118.

［111］Hermalin B E, Weisbach M S. Boards of Directors as An Endogenously Determined Institution[J]. Economic Policy Rev,2003(4):1－30.

［112］Holmstrom B R, Milgrom P. Aggregation and Linearity in the Provision of Intertemporal Incentives[J]. Econometrica, 1987(55):303－328.

［113］Houston C O, Mueller G G. Foreign Exchange Rate Hedging and SFAS No. 52 － Relatives or Strangers?[J]. Accounting Horizons, 1988 (2):50－57.

［114］Howton S D, Perfect S B. Currency and Interest－rate Derivatives Use in U.S. Firms[J]. Financial Management, 1988,27(4):111－121.

［115］Hume D. A Treatise of Human Nature [M]. Edited by Mossner E C. London:Penguin,1969:1－30.

[116] Huson M R, Malatesta P H, Parrino R. Managerial Succession and Firm Performance[J]. Financial Economics, 2004(74).

[117] Jensen M C. Agency Costs of Free Cash Flow, Corporate Finance, and Takeovers[J]. American Economic Review, 1986,76(5):323−329.

[118] Jensen M C. The Modern Industrial Revolution, Exit, and the Failure of Internal Control Systems [J]. The Journal of Finance, 1993,48(7): 831−880.

[119] Jensen M C, Meckling W H. Theory of the Firm: Managerial Behavior, Agency Costs and Ownership Structure [J]. Journal of Financial Economics, 1976(3):305−360.

[120] Jenter D, Kanaan F. CEO Turnover And Relative Performance Evaluation[R]. NBER Working Paper,2006:1−30.

[121] Jin Y, Jorion P. Firm Value and Hedging: Evidence from U.S. Oil and Gas Producers[J]. Journal of Finance, 2006,61(2):893−919.

[122] Jorion P. The Exchange−Rate Exposure of U.S. Multinationals[J]. Journal of Business, 1990(63):331−345.

[123] Kale J R, Noe T H. Corporate Hedging under Personal and Corporate Taxation[J]. Managerial and Decision Economics, 1990,11(3):199−205.

[124] Kato T, Long C. CEO turnover, Firm Performance and Enterprise Reform in China: Evidence from microdata [J]. Comparative Economics, 2006(36).

[125] Kedia S, A Mozumdar. Foreign Currency Denominated Debt: An Empirical Examination[J]. Journal of Business, 2003(76):521−546.

[126] Knopf J, Nam J, Thornton J Jr. The Volatility of Price Sensitivities of Managerial Stock Option Portfolios and Corporate Hedging [J]. Journal of Finance, 2002,57(2):801−813.

[127] Lazear E P. Incentive Contracts. In: Eatwell J, Milgate M, Newman P, eds. The New Palgrave:A Dictionary of Economics [M]. London:Macmillan, 1987:744−748.

[128] Lel U. Currency Hedging and Corporate Governance: A Cross-country Analysis[R]. University of Indiana, Working Paper,2006:1−30.

[129] Leker J, Salomo S. CEO Turnover and Corporate Performance[J]. Scandinavian Management, 2000(16).

[130] Leland H E. Agency Costs, Risk Management, and Capital Structure[J]. Journal of Finance, 1998,53(4):1213−1243.

[131] Lewent J C, Kearney A J. Identifying, Measuring, and Hedging Currency Risk at Merck[J]. Continental Bank, Journal of Applied Corporate Finance,1990,2(4):19−28.

[132] Lin C, Smith M S. Hedging, Financing and Investment Decisions: A Simultaneous Equations Framework[J]. The Financial Review, 2007,42(2):191−204.

[133] Lookman A. Does Hedging Really Affect Firm Value? [R]. Carnegie Mellon University, Working Paper,2003:1−30.

[134] Mackay P, Moeller S B. The Value of Corporate Risk Management[J]. Journal of Finance, 2007,62(3):1379−1419.

[135] MacKie−Mason J K. Do Taxes Affect Corporate Financing Decisions?[J]. Journal of Finance, 1990,45(5):1471−1493.

[136] Mardsen A, Prevost A. Derivatives Usage, Corporate Governance, and Legislative Change: An Empirical Analysis of New Zealand listed Companies[J]. Journal of Business Finance and Accounting, 2005,32(1):255−295.

[137] Markowitz H M. Portfolio Selection [J]. Journal of Finance, 1952(7):77−91.

[138] Mason S P, Merton R C. The Role ofContingent Claims Analysis in Corporate Finance. In: Altman E I, Subrahmanyam M G, eds. Recent Advances in Corporate Finance[M]. Irwin, Homewood, IL,1985:7−54.

[139] May D O. Do Managerial Motives Influence Firm Risk Reduction Strategies?[J]. Journal of Finance, 1995,50(4):1291−1308.

[140] Mayers D, Smith C W Jr. On the Corporate Demand for

Insurance[J]. Journal of Business, 1982,55(2):281−296.

[141] Mayers D, Smith C W Jr. Corporate Insurance and the Underinvestment Problem[J]. Journal of Risk and Insurance, 1987,54(1):45−54.

[142] Mayers D, Smith C W Jr. On the Corporate Demand for Insurance: Evidence from the Reinsurance Market [J]. Journal of Business, 1990,63(6):19−40.

[143] Mello A S, Parsons J E. Strategic Hedging[J]. Journal of Applied Corporate Finance, 1999,12(3):43−54.

[144] Mello A S, Parsons J E, Triantis A. An Integrated Model of Multinational Flexibility and Financial Hedging[J]. Journal of International Economics, 1995,39(1):27−51.

[145] Merton R C. On the Pricing of Corporate Debt: The Risk Structure of Interest Rates[J]. Journal of Finance, 1974,29(2):449−470.

[146] Mian S L. Evidence on Corporate Hedging Policy[J]. Journal of Financial and Quantitative Analysis, 1996,31(3):419−439.

[147] Minton B A, Schrand C M. The Impact of Cash Flow Volatility of Discretionary Investment and the Costs of Debt and Equity Financing[J]. Journal of Financial Economics, 1999,54(3):423−461.

[148] Modigliani F, Miller M H. The Cost of Capital, Corporation Finance, and the Theory of Investment [J]. American Economic Review, 1958,48(3):261−297.

[149] Moore J, Culver J, Masterman B. Risk Management for Middle Market Companies[J]. Journal of Applied Corporate Finance, 2000,12(4):112−119.

[150] Morck R, Sldeifer A, Vishny R W. Management ownership and market valuation?: An empirical analysis[J]. Journal of Financial Economics, 1988, 20(3):293−315.

[151] Morellec E, Smith C W Jr. Agency Conflicts and Risk Management[J]. Review of Finance, 2007(11):1−23.

［152］Myers S C. Determinants of Corporate Borrowing[J]. Journal of Financial Economics, 1977(5):147-175.

［153］Myers S C. The Capital Structure Puzzle [J]. Journal of Finance, 1984,39(3):575-592.

［154］Myers S C. Still Searching for Optimal Capital Structure. In: Stern J M, Chew D H Jr, eds. The Revolution in Corporate Finance[M]. New York, NY：Basil Blackwell Ltd,1993:91-99.

［155］Myerson R. Game Theory:Analysis of Conflict [M]. Cambridge: Harvard University Press,1991:1-30.

［156］Nain A. The Strategic Motives for Corporate Risk Management [R]. University of Michigan, Working Ppaper,2004:1-30.

［157］Nance D R, Smith C W Jr, Smithson C W. On the Determinants of Corporate Hedging[J]. Journal of Finance, 1993,48(1):267-284.

［158］Nguyen H, Faff R. Are Financial Derivatives Really ValueEnhancing？Australian Evidence[R]. University of South Australia, Working Paper,2003:1-30.

［159］Petersen M A, Thiagarajan S R. Risk Measurement and Hedging: With and Without Derivatives[J]. Financial Management, 2000,29(4):5-30.

［160］Rajgopal S, Shevlin T. Empirical Evidence on the Relation between Stock Option Compensation and Risk Taking[J]. Journal of Accounting and Economics, 2002,33(2):146-171.

［161］Raposo C C. Corporate Hedging: What have we learnt so far? [J]. Derivatives Quarterly, 1999,5(3):41-51.

［162］Rawls S W, Smithson C W. Strategic Risk Management [J]. Journal of Applied Corporate Finance, 1990,2(4):6-18.

［163］Rogers D. Does Executive Portfolio Structure Affect Risk Management？CEO Risk Taking Incentives and Corporate Derivatives Usage [J]. Journal of Banking and Finance, 2002,26(2):271-295.

［164］Roth A E. Introduction to Experimental Economics. In: Kagel J H, Roth A E,eds. The Handbook of Experimental Economics [M].

Princeton:Princeton University Press,1995:103-109.

[165] Santomero A M. Financial Risk Management: The Whys and Hows[J]. Financial Markets, Institutions & Instruments, 1995,4(5):1-14.

[166] Sappington D E M. Incentives in Principal-Agent Relationships [J]. Journal of Economic Perspectives, 1991,5(2):45-66.

[167] Sauermann H, Selten R. Ein Oligopolexperiment", Zeitschrift für die gesamte Staatswessenschaft [J]. Journal of Institutional and Theoretical Economics, 1959(115):427-471.

[168] Selten R. Bounded Rationality[J]. Journal of Institutional and Theoretical Economics, 1990(146):649-658.

[169] Shavell C. Risk Sharing and Incetives in the Principal Agent Relationship[J]. Bell Journal of Economics, 1979(80):55-73.

[170] Siegel S, Fouraker L E. Bargaining and Group Decision Making: Experiments in Bilateral Monopoly[M]. New York:McGraw-Hill,1960:1-30.

[171] Simon H A. Models of Man[M]. New York:Wiley,1957:1-30.

[172] Smith C W Jr. Corporate Risk Management: Theory and Practice[J]. Journal of Derivatives, 1995,2(4):21-30.

[173] Smith C W Jr, Warner J B. On Financial Contracting: An Analysis of Bond Contracting [J]. Journal of Financial Economics, 1979,7(2): 17-161.

[174] Smith C W Jr, Watts R L. The Investment Opportunity Set and Corporate Financing, Dividend, and Compensation Policies [J]. Journal of Financial Economics, 1992,32(3):263-292.

[175] Smith C W Jr, Stulz R M. The Determinants of Firms' Hedging Policies[J]. Journal of Financial and Quantitative Analysis, 1985,20(4): 391-406.

[176] Smith C W Jr, Smithson C W, Wilford D S. Financial Engineering Why Hedge. In: Smith C W Jr, Smithson C W, eds. The Handbook of Financial Engineering, Harper Business Books [M]. Grand

Rapids, 1990:126—137.

[177] Spanò M. Investment, Debt and Risk Management in a Context of Uncertain Returns to Investment[R]. University of York, Working Paper, 2001:1—30.

[178] Spence M. Job Market Signaling [J]. The Quarterly Journal of Economics, 1973,87(3):355—374.

[179] Spence M. Competitive and Optimal Responses to Signals [J]. Journal of Economic Theory, Jyl, 1974:296—332.

[180] Stulz R M. Optimal Hedging Policies[J]. Journal of Financial and Quantitative Analysis, 1984,19(2):127—140.

[181] Stulz R M. Managerial control of voting rights: Financing policies and the market for corporate control[J]. Journal of Financial Economics, 1988,20(3):25—54.

[182] Stulz R M. Managerial Discretion and Optimal Hedging Policies [J]. Journal of Financial Economics, 1990,26(1):3—27.

[183] Stulz R M. Rethinking Risk Management [J]. Bank of America, Journal of Applied Corporate Finance, 1996,9(3):8—24.

[184] Stulz R M. Diminishing the Threats to Shareholder Wealth [J]. Financial Times, Series Mastering Risk, 2000,25(4):8—10.

[185] Stulz R M. Creating Value with Risk Management. In: Stulz,eds. Derivatives, Risk Management and Financial Engineering [M]. Cincinnati: Southwestern College Publishing Co,2001.

[186] Suchard J A, Singh M, Barr R. The Market Effects of CEO Turnover in Australian Firms[J]. Pacific-Basin Finance, 2001(9):1—30.

[187] Sugden R. Spontaneous Order[J]. Journal of Economic Perspectives, 1989,3(4):85—97.

[188] Taylor P. The Simple Analytics of Implicit Labour Contracts. In: Hey J D, Lambert P J, eds. Surveys in the Economics of Uncertainty[M]. Oxford:Basil Blackwell,1987:151—172.

[189] Tufano P. Who Manages Risk? An Empirical Examination of the Risk Management Practices in the Gold Mining Industry[J]. Journal of Finance, 1996,51(4):1097—1137.

[190] Tietz R. On Bounded Rationality:Experimental Walk at the University of Frakfurk/Main [J]. Journal of Institutional and Theoretical Economics, 1990(146):659—672.

[191] Tirole J. Corporate Finance[M]. Cambridge University Press,2006: 1—30.

[192] Tufano P. Agency Costs of Corporate Risk Management[J]. Financial Management, 1998,27(1):67—77.

[193] Varian H R. Microeconomic Analysis [M]. 3 ed. New York and London:Norton,1992:1—30.

[194] Vassalou M, Xing Y. Default Risk in Equity Returns[J]. Journal of Finance, 2004,59(2):831—868.

[195] Visvanathan G. Who uses Interest Rate Swaps? A Cross—sectional Analysis[J]. Journal of Accounting, Auditing, and Finance, 1998,13(3):173—200.

[196] Warner J B. Bankruptcy, Absolute Priority, and the Pricing of Risky Debt Claims[J]. Journal of Financial Economics, 1977(4):239—276.

[197] Warner J B. Bankruptcy Costs: Some Evidence[J]. Journal of Finance, 1977,32(2):337—347.

[198] Weisbach M S. Outside Directors and CEO Turnover[J]. Financial Economics, 1988(20).

[199] Weiss L A. Bankruptcy Resolution: Direct Costs and Violation of Priority Claims[J]. Journal of Financial Economics, 1990,27(2):285—314.

[200] Williamson O E. Markets and Hierarchies:Analysis and Antitrust Implications[M]. New York:Free Press,1975:1—30.

[201] Williamson O E. The Economic Institutions of Capitalism [M]. New York:Free Press,1985:1—30.